AF200327

Friedrich Kaiser, Franz von Suppé

Schlechte Mittel - guter Zweck

Posse mit Gesang in drei Acten

Friedrich Kaiser, Franz von Suppé

Schlechte Mittel - guter Zweck
Posse mit Gesang in drei Acten

ISBN/EAN: 9783744631358

Hergestellt in Europa, USA, Kanada, Australien, Japan

Cover: Foto ©Thomas Meinert / pixelio.de

Weitere Bücher finden Sie auf **www.hansebooks.com**

Ausschliessliches Eigenthum
und für alle Bühnen im In- und Auslande nur zu beziehen durch die
concessionirte Theater-Agentie C. A. Sachse.

Schlechte Mittel — guter Zweck.

Posse mit Gesang in drei Acten

von

Friedrich Kaiser.

Musik vom Kapellmeister Franz von Suppé.

Verlag von C. A. Sachse.

Wien.
Mechitharisten-Buchdruckerei.
1868.

Personen.

Glattmann, Vorsteher mehrerer gemeinnütziger Vereine · · Hr. Knaak.

Eudoxia, seine Tochter, Vorsteherin des Vereines zur Heranbildung
 tugendhafter Dienstmägde · · · · · · · Fr. Walter.

Kleister, Buchbinder, ⎫
Schlicher, Zimmermaler, ⎬ Vereinsmitglieder
Bindler, Wachskerzenhändler, ⎭

· · · · · · · Hr. Jos. Matras.
· · · Hr. Eder.
· · · · · Hr. Röhring.

Margarethe, Kleisters Frau · · · · · · · · · Fr. Wausche.

Brigitta, Stubenmädchen und Elevin des Tugendvereines ⎫ · · Frl. Gallmeyer.

Lori · · · · · · · · · · · ⎧ Kleisters ⎫ Kl. Hörmeier.

Toni · · · · · · · · · · · ⎨ Töchter ⎬ Kl. Steinrigl.

Guskchen · · · · · · · · · · ⎩ ⎭ Kl. Regenhofer.

Ein Fremder · · · · · · · · · · · · Hr. Tewele.

Sturmfeld, Kapitän · · · · · · · · · · Hr. Hellmuth.

Dr. Polz, Arzt · · · · · · · · · · · Hr. Benedix.

Marie, seine Frau · · · · · · · · · · Frl. Niemetz.

Henriette, seine Tochter · · · · · · · · Frl. Pschikrill.

Dr. Gradweg, Notar · · · · · · · · · Hr. Fischer.

Malchen, dessen Schwester · · · · · · · · Frl. Grussich.

Klarheim, Gerichtsrath · · · · · · · · · Hr. Braunmüller.

Charlotte, dessen Frau · · · · · · · · · Fr. Schober.

Feldgruber, Pächter eines Landgutes · · · · · · Hr. Grois.

Nina ⎫ seine
Rosa ⎬ Töchter · · · · · · · · · · · ·
 ⎭

· · · · Fr. Wagner.
· · · Frl. Löwe.

Leonardi, Landschaftsmaler · · · · · · · · Hr. Wüst.

Dr. Schneidig, Advokat · · · · · · · · · Hr. Gämmerle.

Kreidner, Wirth · · · · · · · · · · · Hr. Rosé.

Johann, ⎫ Kellner
Franz, ⎬

· · · · · · · Hr. Köhler.
· · · · · · · Hr. Meier

Ein Zigeuner-Quartett, Vereinsmitglieder männlichen und weiblichen
Geschlechtes, Ortswächter, Diener, Brautjungfern.

Erster Akt.

Salon in Kreidner's Hôtel, rechts und links Seitenthüren, im Hintergrunde eine Bogen-
wölbung, durch welche man in einen zweiten, um einige Stufen höher liegenden Saal
sieht, welcher aber später durch vorzuschiebende Glaswände abgeschlossen werden kann. In
beiden Sälen stehen rechts und links Tische — an den Wänden Etagères mit Tafel-
Service; auf den Tischen Armleuchter.

1. Scene.

(Dr. Polz — Dr. Grabweg —
Kieler — Sturmfeld — Klar-
heim (sitzen an einem Tische im Vordergrunde rechts). Zindler — Schli-
cher (sitzen an einem Tische links, nebst den
Trinkgläsern auch Bücher, Schriften und
Schreibgeräthe vor sich habend). Ein Zigeuner-Quartett (sitzt an einem Tische
in der Mitte des rückwärtigen Saales, und
spielt eine ungarische Tanzweise). Mehrere Gäste (sitzen ebenfalls im rückwärtigen Saale). Kreidner — Johann
— Franz (letztere bedienend ab und
zugehend).
(Die Zigeuner spielen nach Aufzug des Vor-
hanges noch eine kurze Zeit fort — nach
dem Schlusse des Musikstückes applaudiren
sämmtliche Gäste, rufen „Bravo!" u. dgl.).

Kreidner (zu den am Tische rechts
Sitzenden). Nun, meine Herren, was
sagen Sie zu diesen echtfärbigen Zi-
geuner-Virtuosen?

Grabweg. Hm! Die Leute spie-
len nicht übel, aber wir pflegen nicht
in's Gasthaus zu gehen, um Musik
zu hören!

Schlicher. Noch dazu eine so fri-
vole Musik!

Polz (spöttisch). Nun ja, wenn die
Musiker noch ein erbauliches „de
profundis" spielten, das behagte gewissen Ohren (auf die Gäste links blickend) noch eher!

Zindler (beleidigt zu Polz). Was
haben Sie an unsern Ohren auszu-
setzen, Herr Doktor?

Polz. O gar nichts! — es fehlt
denselben nichts! — (mehr für sich) im
Gegentheile!

Kreidner (begütigend). Aber meine
Herren! müssen denn die Sticheleien
schon wieder angehen? Früher war's
so gemüthlich in meinem Hôtel —
meine Herren Stammgäst' waren so
ein Sinn und ein Herz, und jetzt —
seit einiger Zeit — ich kann gar nicht
begreifen —

Polz. Ich will's Ihnen erklären:
so lange Dämmerung im Lande
herrscht, scheint Alles gleichfärbig —
wenn aber die Morgenröthe anbricht,
dann beginnt der Kampf des Lichtes
mit den dunkeln Nebeln — da sondern sich die Gruppen. —

Grabweg. Da fliegen die Lerchen
zum Himmel auf, und (wieder auf den
Tisch links blickend) die Fledermäuse
flüchten sich in verwittertes Gemäuer!

1*

Zindler } (beleidigt sich von ihren
Schlicher } Sitzen erhebend). Was?
Fledermäuse?! — Meine Herren —!
Kreidner (für sich). 'S geht schon
wieder los! (Sich gegen den Hintergrund
wendend zu den Zigeunern.) So spielt's
doch! spielt's!
Die Zigeuner (beginnen auf's Neue
zu spielen).

2. Scene.

Vorige.— (Links v. d. Bühne) Glattmann — Kleister — Vereins-
Mitglieder.

Glattmann (in einem dun-
keln, bis an das Kinn zugeknöpften
Rocke).
Kleister. } (ähnlich ge-
Vereinsmitgl.} kleidet).

(Treten von links ein).

Polz (zu seinen Tischgenossen auf
Glattmann weisend). Ha! nun kömmt
die Nachteule mit ihrem Gefolge
auch noch!
Kleister (angenehm überrascht). A
Musik! — Herr Präsident! — a
Musik!
Glattmann (Kleister einen finstern
Blick zuwerfend). Schweigen Sie! (Zu
Kreidner). Herr Wirth! was soll das?
Kreidner (zu Glattmann). Na —
ich hab' gedacht eine kleine Abend-
Unterhaltung —
Glattmann. Gerade heute? Wis-
sen Sie nicht, daß dies der Tag ist,
an welchem ich mit den Herren Aus-
schüssen der von mir gegründeten und
geleiteten gemeinnützigen Vereine hier
eine Besprechung zu halten pflege?
Polz (zu seinen Tischgenossen). Ha ha
ha! die gemeinnichtsnützigen Vereine!
Kreidner (zu Glattmann). Bitt'
tausendmal um Vergebung, Herr von
Glattmann! darauf hab' ich ganz vergessen! — Aber 's läßt sich ja gleich
abhelfen! (Zu Johann und Franz). Die
Glaswänd' vor!

Johann }(schieben von rechts und links
Franz }die Glaswände, deren Schei-
ben mit Vorhängen bedeckt sind, vor).
(Die Musik wird noch kurze Zeit leiser
gehört und verstummt endlich ganz).
Glattmann (kömmt mit seinen Be-
gleitern mehr in den Vordergrund, rechts
und links grüßend, salbungsvoll). Geseg-
neten Abend allerseits!
Grabweg (zu Glattmann). Sie bringen uns den Segen wohl frisch von
der Quelle?
Glattmann. Ja, wir waren in
der Abendandacht, und haben gebetet
für unsere Freunde und (mit einem
schelen Blicke auf den Tisch rechts) Feinde!
Kleister. Aber 's'war kühl — der
Abend nämlich! — jetzt wird ein
g'sunder Tropfen wohl thun!
Glattmann (zu den Kellnern). Bringen Sie jedem von uns ein halbes
Seitel. —
Kreidner. Nur ein halbes?
Glattmann. Mehr gestatten uns
die Statuten unseres Enthaltsamkeits-
Vereines nicht!
Grabweg. Ha, ha, ha! Schon
wieder ein neuer Verein? — Und
Sie, Herr Glattmann, wieder an der
Spitze?
Glattmann. Ja, — wo sich Gute
zum Guten zusammenfinden, versage
ich meine Mitwirkung nie!
Kleister (zu Glattmann). Zum Gu-
ten? Aber, Herr Präsident! an ein'
halben Seitel kann man ja noch gar
nicht erkennen, ob was gut ist! —
Mir kommt der rechte G'schmack im-
mer erst bei der zweiten Halben!
Glattmann (zu Kleister). Schweigen Sie, und fügen Sie sich der Ordnung! (Geht gegen den Tisch links.)
Zindler und Schlicher (erheben
sich und grüßen Glattmann ehrfurchtsvoll).
Kleister (ebenfalls zum Tische links
gehend, für sich.) Ist der Präsident ein
Tyrann?! — aber (seufzend) was

thut man nicht Alles wegen der Kundschaft? (Alle setzen sich.)

Glattmann (nimmt die Bücher vor, und bespricht sich leise mit seinen Tischgenossen).

3. Scene.

Vorige. — Der Fremde.

Der Fremde (ein noch junger Mann in genial vernachlässigter Reisekleidung, einen Reisesack in der linken Hand tragend, die Finger der rechten mit einem schwarzen Bande umwunden, tritt von links ein, noch unter der Thür zurücksprechend). Nur ein kleines, nettes Zimmer! — indeß aber ein Glas Wein und ein Stück Braten hieher! (Tritt vollends ein.)

Kreidner (für sich). Ein Passagier? (Tritt dem Fremden entgegen, laut.) Hab' die Ehr'! — wahrscheinlich eben angekommen?

Fremder. Ja — direkt von der Eisenbahn!

Kreidner. Belieben hier noch ganz fremd zu sein?

Fremder. Ja — bin zum ersten Male in meinem Leben hier —

Kreidner. Werden unser Städtel stark verändert finden! — Gedenken lang hier zu bleiben?

Fremder. Nach dem Erfolg meiner Geschäfte — ein paar Wochen — Monate — Jahre — vielleicht für immer!

Kreidner. Je länger, je lieber! — Aber belieben nur Platz zu nehmen. —

Fremder (auf die beiden vorderen Tische weisend). Hier sind wohl nur Bekannte unter sich?

Kreidner. Ja, — besetzte Tische — aber (auf einen mehr rückwärts stehenden Tisch weisend) wenn's vielleicht hier gefällig ist —

Fremder. Gleichviel! (Zu dem Kellner, welcher eben das Bestellte bringt, auf den Tisch weisend.) Nur daher!

(Setzt sich.) So! — Und einige Zeitungsblätter!

Franz. (Reicht ihm Zeitungen).

Fremder (stellt sich lesend, läßt aber fortwährend seine Blicke beobachtend über die Anwesenden gleiten).

Glattmann (zu seinen Tischgenossen). Man ist hier nie ungestört! — Hoffen wir, daß wir in nicht ferner Zeit unsere Versammlungen nicht mehr in einem profanen Gasthause, sondern in unserem eigenen Stiftungshause werden abhalten können!

Kleister. Mir wird die Zeit schon lang, bis die Sach' einmal entschieden ist.

Glattmann. Je länger es währt, desto begründeter ist unsere Hoffnung. — Nun sind seit dem letzten Aufrufe schon über drei Monate vergangen.

Grabweg (an den andern Tisch hinübersprechend). Ho, ho! erst zwei Monate! Mir werden Sie's sagen, ich habe das Edict selbst verfaßt!

Klarheim (zu Grabweg). Es scheint mir aber auch — (nachsinnend) warten Sie — wann ist denn der alte Eulenbruck gestorben?

Grabweg. 's ist gewiß noch nicht so lange her — und wenn's eine Wette gälte, ging' ich in meine Notariatskanzlei hinüber — dort hab' ich ja das Concept jener Convocation! — Und — ich thu's — auch ohne Wette! (Steht auf, und will fort.)

Fremder. (Steht ebenfalls auf, und tritt ihm entgegen). Vielleicht kann ich Ihnen den Weg ersparen!

Grabweg (überrascht). Wie? — Sie?

Fremder. Ich hörte eben einen Namen nennen, den ich in einem alten Zeitungsblatte, in welches ich meine Reise-Documente eingewickelt zu haben glaube — ich will doch sehen — (Oeffnet seine Reisetasche, zieht aus derselben ein kleines in ein Zeitungsblatt eingehülltes Packet hervor, nimmt die Hülle ab, steckt die in derselben befindlichen Schriften in die Seitentasche, und sieht dann in dem Blatte nach.) Ja — ja — richtig hier! — Ist dies der Aufruf, den Sie gemeint? (Hält das Blatt Grabweg hin.)

Grabweg (in das Blatt sehend). Ja — der ist's! — und das Datum? — 15. April!

Glattmann. Und nun sind wir Mitte Juli! — Wer hat nun Recht? Wenn Sie jetzt wieder gewettet hätten, wie damals, als es sich um den Erfolg dieses Aufrufes handelte?

Grabweg (zu Glattmann). O jene Wette gewinnen wir doch noch!

Die Gäste (am Tische rechts). Ja, die müssen wir gewinnen!

Fremder. Eine Wette? — Ist ihr Gegenstand ein Geheimniß?

Grabweg. O nein, — sie bildet im Gegentheile das Stadtgespräch! — Sie müssen wissen, der erwähnte Herr von Eulenbruck war hier ansäßig — ein alter Hagestolz —

Glattmann. Ein frommer, gottgefälliger Mann!

Kleister. Der keiner schreienden Katz' was geben hat!

Sturmfeld. Selbst seine nächsten Anverwandten ließ er darben — und er hätte doch Ursache gehabt, auf einige derselben stolz zu sein! Ha — ich gehöre auch dazu!

Grabweg (zum Fremden). Nur seiner einzigen Schwester, welche um Vieles jünger war, als er, soll er mit wahrhaft väterlicher Liebe zugethan gewesen sein — ich habe diese nie persönlich gekannt. —

Sturmfeld. Aber ich! Es war ein liebes, herziges Mädel!

Glattmann. Eine leichtsinnige, undankbare Person war sie, hatte hinter dem Rücken ihres Bruders ein Verhältniß mit einem hergelaufenen Kerl — einem Maler —

Grabweg (zum Fremden). Das war vor circa breißig Jahren. Herr von Eulenbruck kam dahinter, wollte das Verhältniß lösen — aber eines Tages war das Mädchen mit ihrem Geliebten verschwunden!

Glattmann. Kann man also ihrem Bruder Unrecht geben, wenn er von dieser Creatur nichts mehr wissen wollte? wenn er die Briefe, die sie an ihn richtete, uneröffnet liegen ließ?

Grabweg (mit einem Blicke auf Glattmann). Gewisse Leute wußten das Zerwürfniß trefflich auszubeuten, sich in sein Vertrauen einzuschleichen — und den alten, bereits geistesschwachen Mann endlich zur Abfassung eines Testamentes zu bewegen, in welchem er seine ganze Habe den Vereinen, an deren Spitze Herr Glattmann steht, vermachte!

Sturmfeld. Und seine braven Anverwandten, welche ihre ganze Hoffnung auf sein baldiges Ende gesetzt hatten, sollten sich das Maul abwischen!

Grabweg. Aber ich — ich habe dem Herrn (auf Glattmann weisend) einen Strich durch die Rechnung gemacht! — Eulenbruck ließ mich nämlich wenige Stunden vor seinem Tode zu sich bitten, damit ich die Rechtskräftigkeit des Testamentes prüfe, bei dieser Gelegenheit erinnerte ich ihn an seine Schwester — bewog ihn, die vor so langer Zeit an ihn gerichteten Briefe endlich zu entsiegeln.

Fremder. Und was enthielten diese?

Grabweg. Der erste — von der Hand seiner Schwester — meldete ihre Vermählung — der zweite aber, welcher um ein Jahr später datirt war, war von der Hand ihres Gatten — und berichtete, daß die junge Frau einen Knaben zur Welt gebracht, aber

— wenige Stunden nach deſſen Geburt — ſelbſt verſchieden ſei! — Dieſe Nachricht übte auf den nun ſelbſt dem Tode nahen Eulenbruck eine unbeſchreibliche Wirkung, ich aber erfaßte den Moment, und drängte ihn, an dem Sohne nachzuholen, was er bei der Mutter unterlaſſen — kurz — ich brachte ihn dahin, daß er zu ſeinem Teſtamente den Zuſatz machte, daß die Verabfolgung ſeiner Hinterlaſſenſchaft vorläufig auf ein Jahr ſiſtirt werden ſolle, und daß, wenn während dieſes Jahr der durch amtliche Blätter aufzufordernde Neffe — Namens Otto Hellblick — ſich melden würde — dieſer der Univerſalerbe ſein ſolle.

Glattmann. Ich ſprach aber gleich nach der Eröffnung dieſes Teſtamentes meine Zuverſicht aus, daß der Himmel es gewiß gnädig gefügt haben werde, daß der beſagte Neffe noch als unſchuldiges Kindlein ſeiner Mutter in's beſſere Jenſeits gefolgt ſei!

Grabweg (zum Fremden). Ich wettete dagegen, daß er noch lebe, und ſich melden werde!

Sturmfeld: Der verlierende Theil iſt verpflichtet, ein feines Souper für ſämmtliche Stammgäſte dieſes Hôtels zu beſtreiten!

Kleiſter. Ein Souper mit obligatem Champagner! Das wird ein Labſal für uns Mitglieder des Enthaltſamkeits-Vereines ſein!

Glattmann. Wir haben bereits Chancen — drei Monate ſind vergangen, und noch keine Spur! — O gewiß, er lebt nicht mehr!

Fremder. Oder er findet es nicht der Mühe werth, ſich um dieſe Erbſchaft zu bewerben!

Grabweg. Nicht der Mühe werth, ſich um eine Erbſchaft, die mehr als eine halbe Million — — ?

Fremder (zuſammenzuckend und unwillkürlich aufſchreiend). Ha — — !

Alle (erſtaunt auf den Fremden blickend). Was iſt Ihnen?

Fremder (ſich mühſam faſſend). Ah — nichts! nichts! — Ich habe mir da (auf die eingebundene Hand weiſend) bei einem Falle die Hand verletzt, und das gibt mir raudweiſe einen Riß den ganzen Arm hinauf! — Aber's geht raſch vorüber — (zu Grabweg, mit vor Aufregung bebender Stimme) Sie — Sie ſagten alſo — eine — eine halbe Million? — Aber — das iſt wohl übertrieben!

Klarheim. Durchaus nicht! Alles ämtlich erhoben! fünfmalhunderttauſend Gulden, theils in Baarem, theils in Aktien und Obligationen — dann das hübſche Haus in der Stadt — das Landgut mit hundert Joch fruchtbarer Gründe — werthvolle Pretioſen. —

Fremder (hat während dieſer Aufzählung ſein Sacktuch hervorgezogen, und trocknet ſich den Schweiß von der Stirne — zuletzt beginnt er zu wanken).

Grabweg (es gewahrend). Sie ſcheinen noch zu leiden!

Fremder. Ja — wahrhaftig! — ein Schwindel — es wird — dunkel — vor meinen Augen! — (Sinkt.)

Grabweg (fängt ihn raſch in ſeinen Armen auf). Mein Gott! — einen Stuhl!

Kreidner (ſetzt ſchnell einen Stuhl).

Grabweg (läßt den Ohnmächtigen darauf nieder).

Polz (eilt hinzu). Schnell! Waſſer! Eſſig!

Kellner (bringen Eſſig, Caraffe, Waſſerflaſche).

Klarheim (zu Kreidner). Wer iſt der junge Mann?

Kreidner. Ich weiß's nicht — er iſt ja g'rad ankommen. —

Polz (dem Fremden fortwährend labend zu Kreidner). Und hat gleich von Ihrem

Wein getrunken — das erklärt seine Ueblichkeit! — Kreibner! wenn der Mensch stirbt, kommen Sie in gerichtliche Untersuchung!

Kreibner (erschreckt). Machen's mir nicht bang! — So ein Vorfall in mein' Hôtel! — Und ich müßt über ihn gar kein' Auskunft z'geben! — Er muß sich zuerst in's Fremdenbuch einschreiben! — (zu Polz) Doktor! verbieten Sie ihm, früher zu sterben! (Ist während der letzten Worte nach dem Hintergrunde geeilt, hat dort von einem Schranke ein Buch geholt, kömmt wieder vorwärts — den Fremden an der Schulter rüttelnd.) He! Sie da! — Ohnmachten werden hier nicht geduldet!

Fremder (schlägt die Augen auf, und blickt noch ganz unklar um sich). Was ist? — was soll ich?

Kreibner (ihm das Buch hinhaltend). Einschreiben sollen Sie sich! — Namen, Stand, Geburtstag, Alter, Glaubensbekenntniß — —

Fremder (noch ganz wirr). Ja — ja — Alles — was Sie wollen! (Erhebt sich, von Gradweg und Polz unterstützt, mühsam vom Stuhle.)

Kreibner. Nur g'schwind! (Führt ihn zum Tische links, auf welchen er das Buch legt.) Die Herren erlauben schon! (Gibt dem Fremden eine Feder.) Schreiben Sie! — schreiben Sie!

Fremder (beginnt zu schreiben).

Glattmann (stellt sich hinter den Fremden, und sieht ihm über die Schulter in das Buch, plötzlich stößt er einen Schrei aus, und taumelt entsetzt zurück). Ha! — Spiegelfechterei der Hölle!

Alle Gäste. Was ist's denn wieder?

Glattmann. Dieser Name!

Kreibner. Was für ein Namen? (Nimmt das Buch, wirft einen Blick hinein, und läßt es dann mit einem Aufschrei zu Boden fallen.) Ah! jetzt trifft mich was!

Gradweg. Ja, zum Henker! was soll denn das? (Eilt hinzu, hebt das Buch

auf, sieht hinein, aufjubelnd.) Seh' ich recht? — Meine Herren! — meine Herren! — hier steht deutlich: „Otto Hellblick!"

Klarheim (rasch aufstehend). Wie? Eulenbruck's Neffe?

Alle. Was? — er? — dieser?

Glattmann. Nein! es kann — es darf nicht sein! (zum Fremden) Herr! stehen Sie nicht da, wie eine Bildsäule! — Reden Sie — erklären Sie!

Fremder (gleichsam selbst erst nach und nach zur Besinnung kommend). Ja — wie war's denn? — was hört' ich — von — von einer halben Million? — Ist's denn wahr? — ist's möglich?

Klarheim (tritt zum Fremden). Fassen Sie sich! Ich bin der Gerichtsrath Klarheim, und habe das Referat in der Eulenbruck'schen Verlassenschafts-Angelegenheit. Erklären Sie sich also bestimmt: Sind Sie der Neffe des Genannten?

Fremder. Ja — ich bin's.

Die Gäste des rechten Tisches. Er ist's, Vivat! Vivat!

Glattmann (außer sich vor Wuth). Pereat! Schreien Sie nicht so! er soll erst beweisen —!

Die Gäste am Tische links. Ja — ja! beweisen!

Fremder. Ich soll beweisen, daß ich — ich bin? — Nichts leichter als dies! (Zieht die Dokumente aus der Tasche, und reicht sie Klarheim.) Hier ist mein Taufschein — hier mein Paß — hier noch die Handschriften meiner Mutter und meines Vaters —

Klarheim (nimmt die Papiere und besieht dieselben).

Sturmfeld (eilt zum Fremden.) Und hier dein nächster Anverwandter! (Umarmt ihn.) An meine Brust — Vetter! Laß' dich einmal recht ansehen! (Faßt ihn an beiden Schultern und sieht ihm in's Gesicht.) Donnerwetter! wo ließ ich nur mein Gedächtniß, daß ich dich nicht gleich erkannte — bist ja das leibhafte Ebenbild deiner Mutter!

Kreidner. Ich hab' seine Mutter zwar nicht kennt — aber ich find' gar kein' Aehnlichkeit!

Sturmfeld (zu Klarheim). Ja — ja — der ist's — mein Ehrenwort zum Pfande!

Klarheim. Die Dokumente erscheinen auch vollkommen in Ordnung! (Sie dem Fremden zurückgebend.) Wollen Sie sich mit denselben morgen zu einer protokollarischen Aufnahme in meinem Bureau einfinden!

Sturmfeld. Und dann geht's an die Erbschafts-Ausfolgung! Hurrah!

Polz (treten zum Fremden, und
Grabweg reichen ihm die Hände).
Kieler Wir gratuliren!

Kleister. Und wir haben's Nachsehen! Die halbe Million pfutsch! — Jetzt möcht' ich nur wissen, zu was ich den Vereinen beigetreten bin!

Glattmann (zu seinen Tischgenossen leise). Ruhig! — Nur ruhig! (Tritt zu den andern Gästen, laut.) Erbschafts-Ausfolgung? Oh — damit hat's noch weite Wege!

Die Gäste rechts. (befremdet). Was?!

Glattmann (eine Schrift hervorziehend). In dem Testamente, dessen Abschrift ich hier bei mir habe, steht ausdrücklich im Anhange: „Die Ausfolgung der Erbschaft soll auf ein Jahr sistirt werden!"

Grabweg. Aber es folgt ja gleich darauf: „Wenn während dieses Jahres der Neffe sich meldet" —

Glattmann. „So soll er Universalerbe sein." — Ganz richtig! Aber es steht nicht dabei, daß ihm vor Ablauf dieses Jahres die Erbschaft eingehändigt werden soll!

Fremder (für sich). Teufel!

Grabweg (zu Glattmann). Welche Silbenstecherei!

Glattmann (höhnend). Ja — ja ich steche Silben, und (zu Klarheim) Herr Rath, ich lege gegen jede frühere Ausfolgung Protest ein!

Klarheim (zu Glattmann). Aber was gewinnen Sie denn durch diesen Aufschub?

Glattmann. Wir gewinnen Zeit, und (betonend) Zeit gewonnen heißt oft Alles gewonnen!

Polz (zu Glattmann, ihm auf die Schulter klopfend). Nur nicht ihre Wette!

Glattmann (für sich). Alle Wetter! — die Wette;

Polz. Heute noch das Souper!

Alle Gäste. Ja — heute noch!

Glattmann (sich zwingend). Nun ja — ich habe verloren, aber heute noch? (Gibt Kreidner einen Wink.) Unser Wirth wird ja gar nicht vorgesehen sein. —

Kreidner. Was? Das soll mein Hôtel sich nachsagen lassen? — In einer halben Stunde stell' ich ein Bankett für einen ganzen Fürsten-Kongreß her!

Alle Gäste. Bravo! bravo!

Glattmann (ingrimmig für sich). Schafskopf!

Sturmfeld (zum Fremden). Du mußt auch dabei sein, Vetter! denn du bist ja der Held des Tages!

Die Gäste rechts: Versteht sich! freilich!

Fremder (welcher bisher sinnend gestanden, plötzlich einen Entschluß fassend). Ja — ich schätze mich glücklich, den Abend in Ihrer Gesellschaft zubringen zu dürfen — aber nur unter Einer Bedingung. —

Die Gäste. Und die ist —?

Fremder. Daß mir Herr Glattmann erlaubt, seine Verpflichtung zu übernehmen, und daß demnach das Fest auf meine Rechnung stattfindet!

Glattmann (rasch). Ich stimme für den Antrag!

Alle. Angenommen! angenommen!

Fremder (sich rings verneigend). Ich danke Ihnen für diese Stimmeneinheit!

Kleister. An der fehlt's nie, wenn sich's um ein Bankett handelt!

Fremder. Die schönste Zierde eines Festes sind aber Damen! Ich bitte Sie also, auch Ihre Frauen Gemahlinnen, Fräulein Töchter, Nichten, Basen und wie immer die Verwandschaftsgrade heißen mögen, in meinem Namen höflichst einzuladen!

Alle. Ja — ja! soll geschehen!

Fremder (tritt zu Glattmann). Herr Glattmann! Sie sind zwar mein Gegner, aber, nicht wahr? für heute Waffenstillstand? (Hält ihm die Hand hin.)

Glattmann (ihm zögernd die Hand reichend). Gut! — Waffenstillstand — für heute! (Winkt seinen Tischgenossen, ihm zu folgen, und geht mit ihnen nach links ab.)

Kleister (für sich). Waffenstillstand? Nein — heut soll erst recht eing'haut werden! — Ich hol' meine ganze Familie, sie sollen sich heut' so anessen, daß ich auf acht Tag' kein Kuchelgeld mehr herz'geben brauch! Na ja — zu was wär ich denn sonst Mitglied des Enthaltsamkeits-Vereins! (Ab nach links.)

Polz (zu den Uebrigen). Wir gehen nun auch nach Hause und holen uns're Weibchen, bis die mit ihrer Toilette fertig sind. —

Grabweg. Oh, die Neugier, den glücklichen Erben zu sehen, wird sie schon zur Eile treiben! (Zum Fremden.) Also — auf Wiedersehen!

Fremder (allen die Hände drückend und sie bis zur Thür links begleitend). Auf baldiges — recht frohes Wiedersehen! Ich schätze mich glücklich, Ihre Bekanntschaft gemacht zu haben. — Lassen Sie nicht zu lange auf sich warten. —

Alle Gäste (außer Sturmfeld ab).

Fremder (kommt wieder in den Vordergrund und wirft sich erschöpft in einen Stuhl am Tische rechts). Ah! nach den mannigfachen Aufregungen thut's mir doch wohl, ein wenig aufathmen zu können! (Zu Kreidner.) Mein Zimmer ist doch bereit?

Kreidner (sich tief verneigend). Zimmer? Oh, Ew. Gnaden, für solche Gäste hab' ich Pracht-Appartements.

Fremder. Ho, ho! lieber Herr Wirth, vergessen Sie nicht, daß ich erst in neun Monaten in Besitz meiner Erbschaft gelange. —

Kreidner. Alles Eins! Ich rech'n mir's zur höchsten Ehr', wenn bis dahin Ihre Rechnungen in meinem Hauptbuch' steh'n! Mein ganzes Haus — meine Küche — mein Keller — Alles — Alles steht zu ihrer Verfügung! — Ich werd' gleich selbst nachsehen, ob in Ihren Salons nichts an Comfort fehlt — und Ihr (zu den Kellnern) nehmt Händ' und Füß' in die Händ' — richt's die beiden Säl' zum Empfang der Gesellschaft! (Wieder zum Fremden.) Werd' gleich wieder die Ehr' haben — (Ab nach rechts.)

(Sturmfeld hat eine Flasche Wein und zwei Gläser auf den Tisch rechts stellen lassen.)

Die Kellner (entfernen während des Folgenden die größeren Tische nach links, stellen die Stühle zu beiden Seiten an die Wände und entfernen sich hierauf nach links).

Sturmfeld (setzt sich neben den Fremden). Nun hab' ich dich allein. —

Fremder (aufblickend). Ah — Sie noch hier?

Sturmfeld. Was soll das „Sie?" — Bin ich nicht der Neffe der Schwiegermutter des Cousins einer verstorbenen Muhme deiner seligen Mutter? Wozu also die Umstände unter so nahen Verwandten? (Hat zwei Gläser vollgeschenkt und hält eines zum Anstoßen hin.) Also auf Du und Du!

Fremder (anstoßend). Es gilt! — Es leben wohl viele Verwandte meiner Mutter hier!

Sturmfeld. Ja wohl — nun (spöttisch) sie werden Dir wohl bald ihre Aufwartung machen! Aber hör' auf meinen Rath! Du mußt vorsichtig sein, denn es gibt unter ihnen auch unverschämte Individuen, welche gleich ganz auf Deine Kosten leben — Dich vollends aussaugen möchten! Darum frage nur immer zuerst mich — ich kenne die Leute!

Frember. Du bist, wenn ich nicht irre, Militär?

Sturmfeld. Gewesen! — Ja — wär' ich in den letzten Jahren noch aktiv gewesen — ha! 's wäre Manches anders gegangen!

Frember. Und warum bist Du's nicht mehr!

Sturmfeld. Hm! 's ist eine eigene Geschichte! Weißt Du — ich bin verdammt kitzlich, was die Ehre betrifft! — Ich war Capitän, und da — bei einem Manöver — brachte eine unrichtige Schwenkung meiner Escadron die ganze Linie in Verwirrung — der Oberst sprengt wüthend auf mich zu — ich will mich rechtfertigen — ihm entschlüpft aber im Zorn etwas, was wie „Esel“ klang, und da — da hab' ich denn — natürlich mit Beibehaltung des Titels und Charakters quittirt! —

Frember. Quittirt? — Da lebst Du wohl auch nicht in den brillantesten Verhältnissen?

Sturmfeld (näher rückend, zutraulich). Hm! keinem andern Menschen, aber Dir — mein Vetter — vertrau' ich's an: ich bin im Moment in einem schauderhaften Tourment! — Ein gemeiner Wucherer bedrängt mich wegen einer Lumperei von ein paar hundert Gulden — der Wirth hier läßt's auch bereits am gehörigen Respekte fehlen.

Frember. Wie gern würd' ich dir helfen, aber —

Sturmfeld (wieder näher rückend). Du meinst die Verzögerung Deiner Erbschaft? — Schadet gar nichts! — weißt Du — (seinen Arm um des Fremden Schultern legend) ich schicke Dir meinen Leib-Manichäer — der Kerl hat Geld wie Heu — mir gibt er nichts mehr — aber Dir, dem legitimirten Erben — und wenn ich obendrein für Dich bürge. —

Frember (noch bedenklich das Haupt wiegend). Hm! hm! ich — —

Sturmfeld (rasch einfallend). Also Du willst? (Küßt ihn). Prachtjunge! In einer Viertelstunde soll der Geldmann bei dir sein! — (Steht auf.) Nimm' nur gleich ein paar tausend Gulden auf. Was liegt an 50 — bis 60 Perzent? sollen wir wegen der Bagatelle durch neun Monate Angesichts einer halben Million Tantalus-Qualen ausstehen? — ich geh' hin — für Dich verpfänd' ich mein Ehrenwort! Mein Gott! Man muß doch für seine nächsten Verwandten etwas thun! (Eilt nach rechts ab.)

Frember (allein, ihm nachsehend). Ha, ha, ha! Wie hilfsbereit der ist! aber (aufstehend, mit Leichtsinn) er hat Recht — nur der Augenblick gehört uns, die Zukunft ist ein unsicheres Haus — man muß suchen, seine Capitalien so bald als möglich herauszuziehen! Das Leben genossen! (Erhebt sein Glas.) Es lebe das Leben!

(Man hört hinter der Szene links Brigittens trällernde Stimme).

Frember (aufhorchend). Was ist das? (links blickend) ha! Wein — Weib — Gesang! — Herrliches Kleeblatt! — Doch eh' ich das Netz über die Lerche werfe, will ich mich an ihrem Gesange laben! (Tritt etwas in den Hintergrund zurück.)

4. Scene.

Frember. — Brigitte.

Brigitte (im einfachen aber geschmackvollen Hauskleide, eine Schürze vorgebunden, tritt, ohne den Fremden zu beachten, von links ein).

Lied.

Dienen soll ich, und mich g'freut's nit!
Mir befehlen? — nein — ich leid's nit,
Denn ich thu' in mir das g'spür'n
Ich bin g'schaffen, selbst z'regier'n!
So für fremde Leut' sich plagen,
Alle Launen zu ertragen,
Für den Lohn — 's ist eh' a
Schand —
Sag'n noch müssen: „Ich küß' d'
Hand!"
Ausgeh'n dürf'n am Sonntag nur —
Das ist gegen mei' Natur!
Manche Frau — 's ist zum Entsetzen!
Will gar die Bedingung setzen,
Gleich wenn antritt man den Platz,
Daß man haben soll kein Schatz!
Nie mit einem saubern G'sellen
Sich für'n Kirchtag zu bestellen —
Niemals unter'm Hausthor steh'n,
Wo, von acht Uhr bis halb zehn,
Mich erwart' a saub'rer Bua —
Das ist gegen mei' Natur!
Und dann erst die Herrn die gnäd'gen,
Wann's so spielen noch die led'gen,
Schleichen sich in d' Kuchel h'naus,
Wann die Frau just nicht ist z' Haus:
(imitirend) „Kinderl! wenn einst stirbt
die Meine"
„Nehm' ich Dich, und sonst g'wiß
keine"
„Aber jetzt — o Trutscherl, lieb's!
„Nur a Bußi — bitt' schön — gib's!"
Macht so 'n Taddel mir die Cur —
Das ist gegen mei' Natur!
Fremder (tritt am Schlusse des Lie-
des hinter Brigitten, faßt sie um die Mitte
und beugt sich mit dem Kopfe über ihre
Schultern vor). Wenn's aber ein Jun-
ger wäre.
Brigitte (wendet sich erschreckt um).
Was soll denn? — (Beim Anblicke des
Fremden freundlicher.) Sie sein doch
nicht? — ich hab's just unten g'hört

— der reiche Erb —! (Etwas von ihm
wegtretend.) Lassen's Ihnen einmal anschauen! (Verwundert die Hände zusammenschlagend.) Also so schaut ein halbe-
ter Millionär aus?!
Fremder (lächelnd). Hast Du Dir
ihn anders vorgestellt?
Brigitte. Aufrichtig g'sagt: ja!
— ich hab' mir'n a Bißl dummer
vorg'stellt! denn um so a Glück
z'haben —!
Fremder. Du thust dem Glücke
unrecht — es begünstigt nicht nur die
Dummen, sondern auch die Kühnen
(Küßt sie rasch auf die Wange.)
Brigitte (zurückfahrend). Na sein's
so gut! — bedenken's doch, daß ich
eine Elevin des Vereines zur Heranbildung tugendhafter Dienstbo-
ten bin!
Fremder. Ha ha ha! und dienst
hier — in einem Hôtel —?
Brigitte. Ja, daher hat mich
der Vorstand des Vereines, der Herr
von Glattmann geben, weil er, als
täglicher Gast, mich hier immer unter
den Augen hat!
Fremder. Sieh doch, sieh! — der
Herr Glattmann! — Aber wie ich
eben hörte, fällt Dir das Dienen
sehr schwer!
Brigitte. Ja, meine Natur re-
voltirt einmal gegen den Gedanken:
„gehorchen müssen!" und ich bin nur
froh, daß d'Fraunzimmer nicht auch
zum Militär g'nommen werden —
denn ich — ich wurd' alle Augenblick'
wegen ein' Subordinations-Vergehen
erschossen!
Fremder. Höre, Mädchen! Du
gefällst mir!
Brigitte (mit einem Knix, lächelnd).
O bitte — gleichfalls!
Fremder. Wirklich? — Da hät-
ten wir uns ja sehr rasch verständigt!
Brigitte (etwas geziert). Wie Sie
das gleich wieder nehmen! — Jetzt

haben wir noch kaum drei Wort' mit einander g'redt. —

Fremder. Reden hilft nichts, Thatsachen beweisen!

Brigitte (die Augen niederschlagend). Ja — was meinen's denn für Thatsachen?

Fremder. Statt langathmiger Liebeserklärungen sieht man sich in's Auge — (blickt sie zärtlich an) Nun — so thu's doch auch!

Brigitte (schielt von der Seite nach ihm, wendet sich aber rasch wieder ab, fast schmerzlich aufschreiend). Oh!

Fremder. Was ist Dir?

Brigitte (die Augen mit der Hand bedeckend). Da soll man nicht schreien, wenn eim' einer gleich so in b'Augen sticht! — Gehn's weg! (Macht mit der Hand eine anscheinend abwehrende Bewegung, während sie ihm doch dieselbe hinhält.)

Fremder (ihre Hand ergreifend, sie sanft an sich ziehend, und sich wieder über ihr Antlitz beugend). Es schmerzt doch nicht?

Brigitte (blickt wieder zu ihm auf, sich sogleich wieder abwendend, für sich). Der Mensch hat ordentliche Hinterladungs-Augen! Zehnmal schießen's in einer Sekunden! (Macht sich von ihm los.) Geben's a Ruh! — Ich — (ein weißes Sacktuch hervorziehend und damit wehend) ich capitulir' ja schon!

Fremder (entzückt). Mein ist der Sieg, und doch (sie umarmend) bin ich Dein Gefangener! (Küßt sie.)

Brigitte (sich loszuringen bemüht). Aber Gefangener! Sie sein ja schon wie ausg'wechselt!

5. Scene.
Vorige — Kleister.

Kleister (tritt von links ein, und bleibt das Paar erblickend starr am Eingange stehen). Bri — Brigitterl!

Brigitte (schließt sich erschreckt noch enger an den Fremden an). Mein Vater!

Fremder (leise). Du hast einen Vater! (sich umsehend) und dieser? — einer meiner Gegner?! (Wendet sich etwas ab.)

Kleister (ist zu Brigitten vorwärts gekommen). Tochter! — Unglückskind! — Du stürzest vor meinen Augen einem Mann' in die Arme?

Brigitte. Daran sein's selber Schuld — warum sein's so herein= g'rumpelt? — über das sein wir zwei — aus Schreck — so z'samm= g'fahren!

Kleister. Ein solides Mädel fahrt allein zusammen, und nicht mit ein' Herrn! Und gar Du! — Hast du vergessen, daß Du in den Verein der Tugendhaften aufgenommen bist?

Brigitte. Das ist vielleicht g'rab' die Ursach! Schaun's Vater! — Sie sein Mitglied vom Mäßigkeits= vereins —

Kleister (seufzend). Leider!

Brigitte. Sein 's Weintrinken schon gar nicht mehr g'wöhnt, und wenn's hernach doch in eine G'legen= heit kommen, steigt Ihnen gleich 's erste Glasl schon ein bißl in Kopf.—

Kleister. So ist's! — Ich kann nichts dafür!

Brigitte. Na sehen's, wie Sie nichts dafür können, daß Ihnen der Wein in den Kopf — so kann ich nichts dafür, daß mir der Herr (auf den Fremden weisend) gleich in's Herz g'stiegen ist! — Ich bin's halt auch nicht g'wohnt!

Kleister. Der Herr? — Und wer sein wir denn? (Tritt zum Fremden.)

Fremder (wendet sich mit einem vornehmen Lächeln gegen ihn). Ich denke, Sie kennen mich!

Kleister (zurückweichend). Was? Sie — Sie? der neuentdeckte Erb?!

Brigitte (heimlich zu Kleister). Na, was sagen's denn jetzt zu mein' G'schmack?

Kleiſter (zu Brigitten). Geſchmack? — ja, daß Dir a halbe Million ſchmeckt, glaub ich ſchon!

Brigitte. Pfui Teuxel! — An ſein Geld hab' ich nicht denkt!

Kleiſter. Aber wir, die Vereine — wir denken an gar nichts, als an Geld! weil uns immer (die Augen zum Himmel erhebend) „das beſſere Leben" vor Augen ſchwebt! Und d'rum laſſen wir auch die Erbſchaft nicht aus! — Wir haben g'rad jetzt unten noch eine kurze Berathung mit dem Herrn Glattmann gehalten, und der — — aber ich darf nichts verrathen!

Fremder (ſtutzend). Was iſt da im Werk? — Dahinter muß ich kommen! (Laut zu Kleiſter.) Ich bringe nicht in Ihre Geheimniſſe — indeß für heute haben wir Waffenſtillſtand —

Kleiſter. D'rum duld' ich auch (auf Brigitten weiſend) keine Plänkeleien! — Verſtehen Sie mich! (Drohend.) Sie! — mir traun's!

Fremder. Ruhig! ruhig! — Wir ſtellen alle Feindſeligkeiten ein, und trinken friedlich ein Glas Wein mit einander!

Kleiſter (blinzelnd). Ein Glas Wein?

Fremder (auf den Tiſch rechts weiſend). Hier ſteht noch eine volle Flaſche.

Kleiſter (hinblickend). Wie mich dieſe Kokette anlächelt!

Brigitte (warnend). Vater! Sie werden doch nicht —?!

Kleiſter (zu Brigitten). Red' in nichts b'rein, was du nicht verſtehſt! — Ich muß heute noch ein Souper mitmachen — dabei wird auch getrunken, darum muß ich früher probiren, wie viel ich vertrag', ſonſt heb' ich a Schaub' auf!

Fremder (iſt indeß zum Tiſche rechts getreten, und hat die Gläſer gefüllt). Nun — nehmen Sie doch Platz!

Brigitte (zu Kleiſter). Trinken's nur nicht wieder ein Glas über'n Durſt!

Kleiſter. Ueber den Durſt? — O, wie wenig kennſt du meinen Durſt! (Zum Tiſche tretend.) Aber ich werd' mich beherrſchen! (Zum Fremden noch immer zürnend.) 's wär Ihr Unglück, wenn ich mich nicht beherrſchet, denn — Sie! das ſag' ich Ihnen, wenn ich a Bißl aufhab, dann bin ich fürchterlich! — Laſſen's es alſo nicht dazu kommen! (Setzt ſich.)

Fremder (ſetzt ſich ebenfalls) Darf ich vor Allem fragen, mit wem ich die Ehre habe —?

Kleiſter (trinkt). Hm! 's iſt nicht gar ſo viel Ehr' — ich bin ein armer Buchbinder.

Fremder. Alſo jedenfalls ein Mann, der ſich viel mit Literatur beſchäftigt?

Kleiſter! Nicht nothwendig! um die Schriftſteller zu binden, muß man g'rad von der Literatur gar nichts verſteh'n! (Leeret ſein Glas.)

Fremder (ſchenkt ihm wieder ein).

Kleiſter (nachdem er wieder getrunken, wehmüthig). 's G'ſchäft iſt ſchlecht gangen, denn in neuerer Zeit waren die Broſchüren beliebter als alles noch ſo Steifgebundene — von ein' Goldbruck war ſchon gar ka Red' — ich hab' nichts zu binden g'habt, dafür aber hat mein Weib alle Jahr regelmäßig einmal g'rad's Gegentheil davon — (Sich mit einem Blicke auf Brigitten unterbrechend — leiſe zum Fremden.) Na — Sie verſteh'n! (Trinkt.)

Fremder. Aha! eine zahlreiche Familie —?

Kleiſter. Und nichts zum Beißen (Trinkt wieder, dann bis zu Thränen weich.) Herr! glauben's es, oder glaubens'es nit — ich — ich hab oft mein' Buchbinderkleiſter als Kindskoch verwenden müſſen!

Fremder. Schrecklich! — Aber trösten Sie sich! (Schenkt ihm wieder ein.)

Kleister. Aber Sie schenken mir alleweil ein —!

Brigitte (hinter Kleister's Stuhl). Aber Sie trinken ja alleweil aus!

Kleister (thut, als ob er den Fremden am Einschenken hindern wollte, hält aber sein Glas dicht unter die Flasche). Nicht! — na! nicht! (Trinkt.) Sie könnten's bereuen, denn (dabei immer gutmüthiger werdend) ha ha ha! ich — ich sag's Ihnen noch einmal — wann ich was in Kopf krieg' — bin ich schrecklich in meinem Zorn! (Stößt mit dem Fremden an.) Sollen leben!

Fremder. Gleichfalls! — Aber erzählen Sie weiter! — hat sich Ihr Geschäft doch gehoben?

Kleister. Na — so so! — Der Glattmann hat den Verein zur Verbreitung frommer Bücher begründ't — da werden alle Jahr a paar tausend Bänd' auf's Land hinaus g'schickt.

Fremder. Und was enthalten diese Bücher?

Brigitte. Ich weiß's nicht! — so was les' ich nicht!

Kleister. Na, wissens! es sein sehr schöne Formeln dr'in für's Hexenvertreiben — Sprücheln gegen 's Hagelwetter — Mitteln gegen die Truben — kurz Alles, was halt der Bildung des Landvolkes förderlich ist!

Fremder. Und dem Vereine sind Sie beigetreten?

Kleister. Hab' ja müssen — sonst hätt' ich die Arbeit nit kriegt! — (Trinkt.) Nachher ist der Verein zur Heranbildung tugendhafter Dienstmädeln entstanden — dem bin ich auch beigetreten, damit ich (auf Brigitten weisend) meine Aelteste aus'n Futter bring'! — Na — Sie haben sich von der segensreichen Wirksamkeit dieses Vereines überzeugt!

Fremder. Da haben Sie wohl alle Ursache, dem Herrn Glattmann dankbar zu sein, ihn zu lieben —

Kleister (bereits etwas benebelt). Lieben?! im Gegentheil — ich hass' ihn! ich — ich thu' ihm zwar nichts — nein! ich hass' ihn nur platonisch!

Fremder (sich erstaunt stellend). Wie? Ihren Wohlthäter?

Kleister. Ja — wahr ist's — er hat mir Brot verschafft — er will für meine Tochter was thun — Alles schön! — aber (aber mit Wichtigkeit) er hat den Mäßigkeits-Verein begründet, und auch mich zum Beitritt (indem er sein Glas leert) gepreßt — und dafür — (stößt mit Ungestüm das Glas auf den Tisch) soll ihn der Teufel holen!

Brigitte (ihn besänftigend). Aber Vater!

Kleister (zu Brigitten). Was mahnst Du? (Unklar.) Sollt' ich — ? (Wendet sich zum Fremden.) Hab' ich Ihnen beleidigt?

Fremder. Nein, — nein! durchaus nicht!

Kleister. Wirklich nicht? — wissens — möglich wär's — denn — in gewissen Monumenten — (zutraulich zu ihm rückend) rabiater Kerl! ha, ha, ha! — sag' Ihnen — rabiat! (Seinen Arm um des Fremden Schulter legend.) Geben's mir a Bußel!

Fremder (küßt ihn — für sich). Das Faß ist voll — jetzt wollen wir's ein wenig anbohren! (Laut.) Was Mäßigkeits-Verein! — Wir wollen künftig alle Tage so bei einer Flasche beisammensitzen!

Kleister. Bei Einer Flaschen? — Brüderl! Nur keine Schmutzerei!

Fremder (sich aufgeregt stellend). Bei einem Faß', wenn Ihr wollt — wenn ich nur erst meine Erbschaft habe!

Kleister (sieht ihn mit verglasten Augen an). Erst dann? — derweil bin ich verburst! — denn die Erbschaft —

Brüderl! — mir ist leid um Dich — aber was die betrifft — pfutsch! (Ganz zutraulich.) Spannst denn nicht, warum der Glattmann auf dem ganzen Jahr b'steht? ·

Fremder (begierig). Nun — warum?

Kleister (sich vorsichtig umsehend). Pst! kein' Menschen was sagen (heimlich) er — er will 's ganze Testament anfechten — Prozeß machen —

Fremder (erschreckt, für sich). Da will's hinaus? (Laut.) Doch — ich hab einen redlichen Advokaten an meiner Seite —

Kleister. Den Dr. Grabweg? — ha ha ha! — der ist für Geld auf allen Seiten — den — den haben wir schon, und wir haben noch — in höhern Regionen — Protectionen — wir — Vereine! verstehst — (mit der Hand in der Luft herum agirend) höhere Regionen — (Schließt bereits erschöpft die Augen und läßt das Haupt auf die Brust sinken.)

Fremder (steht vom Sitze auf). Im Wein ist Wahrheit! — (Finster vor sich hin blickend.) Ja — ich seh' vor mir den schweren Kampf —

Brigitte (ihm ihre Hand auf die Schulter legend). Den Sie ohne einem treuen Alliirten schwerlich bestehen können!

Fremder (rasch). Und — willst du meine Alliirte sein?

Brigitte. Ja — auf Leben und Tod! — Ich haff' den Glattmann grad so, wie er in mich verliebt ist! — Aber Ihnen z'lieb will ich seine Bewerbungen ertragen, will ihn heimlich machen, und so —

Fremder. So hab' ich wenigstens einen Spion im feindlichen Lager! —

Brigitte. Sein Grundsatz ist: „Der Zweck heiligt das Mittel", gut! er soll sehen, daß ihm selber nichts g'fährlicher wird, als wenn ein Frauenzimmer den Grundsatz zu dem ihrigen macht! — Sie wissen also jetzt, wie Sie meine künftige Haltung auszulegen haben — also keine Eifersucht — kein Mißtrauen!

Fremder. Nein! — nein! doch dasselbe fordre ich unter ähnlichen Umständen von Dir! (Hält ihr die Hand hin.)

Brigitte (einschlagend). Es gilt! — aber (horchend) mir scheint, ich hör' schon Wägen vorfahren —. (Sich nach Kleister umsehend.) Ich muß den Vater fortzubringen suchen! (Tritt zu Kleister.) Vaterl!

Kleister (aufgemuntert) Was ist's? — was gibt's?

Brigitte. Ein Souper gibt's heut noch, und Sie haben nicht einmal noch Ihren Sonntagsrock an. —

Kleister. Richtig! ich — (auf seinen abgetragenen Rock blickend) ich hab nur den Fetzen! — (Steht noch etwas wankend auf). Ich muß gleich ein' schwarzen —

Brigitte. Ein' schwarzen Caffé vor Allem — den will ich Ihnen g'schwind machen, denn sonst merkt man — (lächelnd mit dem Finger drohend).

Kleister. Was? ha ha! — du stichelst? ja — a Bißl wirblich — a Bißl schwindlich — a Bißl — aber 's ist keine Schand! — Naturforscher behaupten, der Mensch stammt vom Affen — soll ich mich also schämen, ein kleines Miniaturbildel meines Uranherrn zu tragen?

Brigitte (seinen Arm unter den ihrigen legend). Kommen's nur! Sie können nichts dafür — der schlimme Herr dort (auf den Fremden weisend — kokett lächelnd), der hat's b'rauf abg'sehen, alle Köpf wirblich zu machen! (Geht mit Kleister bis zur Thür links, bleibt an derselben noch stehen, wirft dem Fremden eine Kußhand zu, und geht dann rasch mit Kleister ab.)

Fremder (wirft ihr ebenfalls einen Kuß zu). Abieu, Schätzchen! — (Nachdem sie fort ist.) Kein übles Mädchen, und hat Maß'! — Wenn sie aber vielleicht von einer Allianz für's Leben träumt, so bedaur' ich sie! (Wegwerfend.) Derlei Freiwillige assentirt man nur auf Kriegsdauer! (Ernster nachdenkend.) Aber kann ich mich auf einen langen Krieg einlassen? — Nein! Es müßte ein rascher Schlag geführt werden! (Sinnend.) Es wird sich heute das ganze Heer vor mir entfalten — Männer und Damen — schöne Damen vielleicht! — Nimm dich in Acht! nimm dich in Acht! Laß' dein Herz nicht berücken — dein Kopf allein wird und muß den Ausschlag geben! (Ab nach rechts.)

6. Scene.

Feldgruber — Nina — Rosa.
(sämmtlich mehr ländlich gekleidet, treten von links ein).

Feldgruber. Was ist denn das heut' in dem Wirthshaus? — Sonst, wenn meine zwei Schimmeln nur in die Einfahrt einbogen haben, ist schon der Hausknecht, Zimmerkellner, 's Stubenmadel und der Wirth selber mir entgegenkommen — und heut rennt Alles treppab — treppauf 's ist ein Unsinn!

Nina (in ihrem ganzen Wesen scheu und niedergeschlagen) 's geht in der ganzen Stadt so zu! — mir wird völlig bang! Wenn wir nur schon wieder heim wären!

Rosa (heiterer). Was fällt dir ein? 's ist heut' 's erste Mal, daß uns der Vater mitg'nommen hat, da wollen wir doch 's Leben und Treiben dahier a Bißl kennen lernen!

Nina. Ich begreif' Dich nicht, Rosi! Du kannst an Unterhaltung denken? ich — (Seufzt.)

Feldgruber. Was soll die Seufzerei? Unsinn! — Aber schaut sich denn gar Niemand um uns um? (Ruft.) He da, Wirthshaus!

7. Scene.

Vorige — Kreidner.

Kreidner (kömmt von rechts — die Anwesenden erblickend). Was seh' ich? Herr Feldgruber! Sie da — und die Töchterln auch?

Feldgruber. Nicht wahr? das wundert Ihnen? (Finsterer.) Das hat heut' sein b'sonderen Grund!

Kreidner. Sie schau'n so finster drein? haben wohl schon erfahren?

Feldgruber (erstaunt). Was denn?

Kreidner. Na, 's ist ka Kleinigkeit, wenn man sich in a Landwirthschaft so hineing'wöhnt hat, wie Sie — 's sein doch jetzt schon über fünfundzwanzig Jahr. —

Feldgruber. Na ja — so lang ist's her, daß mir der alte Eulenbruck sein Landgut zur Bewirthschaftung übergeben hat. —

Kreidner. Sie waren noch der einzige von sein' Verwandten, für den er doch was gethan hat!

Feldgruber (beleidigt). Was gethan? — Unsinn! — Sie reden ja grad, als ob er mir ein Almosen geben hätt! — So war's nit! — Er hat ein' Pfleger für das Gut braucht — ich bin, Gott sei Dank! ein tüchtiger Oekonom, und deswegen hat er mich aufg'nommen. Er hat's nicht z'berenn g'habt — ich hab die Wirthschaft auf den doppelten Ertrag gebracht!

Kreidner. Wenn nur sein Nachfolger das auch einsieht — aber so ein junger Mann —

Feldgruber (überrascht). Junger Mann?! — Was sagens? — hat sich am End' der ausgetrommelte Neven —

Kreidner. Sie wissen das nicht? — Ja er ist da — wohnt in mein' Hôtel. —

Feldgruber. Blitz und Hagel!

Kreidner. Na — na — dürfen nicht so erschrecken! — 's ist ja noch nicht ausg'macht, ob der just ein' Aenderung treffen will. —

Feldgruber (ängstlich). Aenderung treffen? — Ein andern Pfleger als mich? — Unsinn! — Das wär ja mein Tod!

Nina. Nein — nein! er wird uns doch nicht aus unsern lieben Haus verjagen. —

Rosa (mit einem Anfluge von Koketterie). Wenn wir ihn recht schön bitten. —

Kreidner. Na ja — solche Fürsprecherinen! —

Feldgruber. Unsinn! zu dem Zweck hab' ich meine Mädeln nicht da! — Ich hab's mitg'nommen, damit sie sich in der Stadt a Bißl unterhalten — zerstreuen. —

Kreidner. Na, da kommen's ja g'rad z'recht zu mir! Der junge Erb' gibt heut' ein Fest mit Tanz. —

Rosa (freudig). Ein Tanz? und wir — wir könnten auch dabei sein?

Kreidner. Warum denn nicht? Wenn ich ihm sag', daß ein paar so liebe Cousinerln da sein —

Nina (traurig). Nein, nein! ich will nicht dabei sein!

Feldgruber (zu Nina). Was hast Du zu entscheiden? — Mir liegt d'ran, mit ihm so bald als möglich bekannt z'werden, und (zu Kreidner) wenn Sie's also vermitteln können —

Kreidner. Ist schon so viel, als g'schehen! Aber die lieben Kinder müßten sich g'schwind a Bißl herrichten. —

Rosa. Wir haben ja uns're Sonntags-Anzüg mit im Koffer — auf'n Wagerl unten. —

Kreidner. Lassen's ihn zu meiner Frau hinauftragen — sie wird Ihnen bei der Toilett' an d'Hand geh'n — warten's — ich laß' Ihnen gleich hinüber führen! kommen's nur! (Geht gegen die Thür links, öffnet sie, und ruft hinaus.) Nani! — die zwei Fräul'n zu meiner Frau!

Rosa (froh in die Hände klatschend). Kann ankommen, und gleich zum Tanz! — Komm' Schwester (zu Nina), wir müssen uns a Bißl schön machen! (Zieht sie mit sich nach links fort.)

Kreidner (wieder zurückkommend). Recht sauber haben sich Ihre Töchter z'sammg'wachsen — nur die eine, die kommt mir so g'wiß leidend, so niederg'schlagen vor!

Feldgruber (verdrießlich). Haben's das auch gleich bemerkt? — Ja, das hab' ich von meiner Gutherzigkeit!

Kreidner. Wie so? was hat's denn geben?

Feldgruber. Na — sehen's — es war so ung'fähr vor ein Monat — 's war g'rad ein fürchterliches Unwetter, da klopft's einmal spät Abends noch bei mir an — ein junger Mann, vom Regen bis auf d'Haut durchnäßt, und ordentlich klappernd vor Kälte, bitt' mich um Gotteswillen, ich möcht' ihm nur über Nacht a Herberg geben! — Ich führ' ihn also in's Gastzimmer. Am nächsten Morgen will ich bei ihm nachschauen — da liegt er in einer trockenen Hitz' — kennt mich nicht — fantasirt ein solchen Unsinn z'samm, daß ich gleich g'merkt hab', der Mensch hat ein Nervenfieber oder a Gehirnentzündung — was hab' ich thun wollen? — Ich und meine Töchter haben ihn betreut und gepflegt.

Kreidner. Ja, wer war er denn aber?

Feldgruber. Wie er mir später g'sagt hat, ein Landschaftsmaler, der uns're Gebirg zu Fuß durchwandert

hat, um interessante Partien' auf=
z'nehmen — sich schon läng're Zeit
unwohl g'fühlt, und von dem G'wit=
terregen erst den Rest kriegt hat. --
Kreidner. Aber jetzt ist er wieder
g'sund?
Feldgruber. Wenigstens auf'n
Weg g'sund z'werden, — aber meine
Mädeln —
Kreidner. Na — die?
Feldgruber. Die sein auf'n Weg
krank z'werden — ich hab's weg! —
krank vor Lieb'!
Kreidner. Was? Alle zwei?
Feldgruber. Zwei Mädeln in
Ein' Mann verliebt! nit wahr? — 's
ist ein Unsinn.
Kreidner. Und er?
Feldgruber. Er? — Mir scheint,
er ist auch in alle zwei verliebt!
Kreidner. Warum nit gar!
Feldgruber. 'S ist so — und das
ist der unsinnigste Unsinn! — Schaun's,
wenn er sich gegen Eine erklärt hätt'
— na — ich bin kein Tirann! — 's
hätt' sich vielleicht weiter reden lassen
— aber so red't er nichts — aber
schaun thut er — einmal auf die —
einmal auf die — und dabei — laßt
er Seufzer los, die a Windmühl'
treiben könnten. —
Kreidner. Der G'schicht' machet
ich aber doch ein End'!
Feldgruber. Deswegen bin ich
ja da! Seh'ns, den jungen Men=
schen, den Maler, will ich jetzt, wo
er noch Rekonvaleszent ist, nicht
aus'n Haus weisen — d'rum hab' ich
lieber meine Töchter z'sammpackt, und
möcht's so lang herin in der Stadt
lassen, bis der Gegenstand ihrer
Schwärmerei wieder in b'weite Welt
zogen ist. —
Kreidner. Das ist's Vernünftig=
ste — Aber — (horcht gegen die Thür
links, man hört Brigitten's, Kleister's
und Glattmann's Stimmen hinter der
Szene links heftig sprechen) was gibts
denn? (Geht gegen die Thür links.)

8. Scene.

Vorige. — Brigitte. — Klei=
ster. — Glattmann.

Brigitte (in einem weißen Kleide,
Blumen in den Haaren, und mit einem
riesigen Bouquette an der Brust, tritt ent=
rüstet von links ein.)
Glattmann und Kleister (bereits
in schwarzen Anzügen, mit weißen Cravat=
ten folgen ihr).
Brigitte. Und ich will einmal —
und ich laff' mir's nicht verbieten!
Kreidner. Was? — Mein Stu=
benmädel?!
Brigitte (auffahrend). Was Stu
benmädel! für heut' nicht! heut' bin
ich Gastin! also Respekt, Herr Wirth!
Kreidner. Was soll das heißen?
Kleister. Aber Tochter!
Brigitte (zu Kreidner) Tochter!
— da hören Sie's! (Zu Kleister). Bin
ich Ihr' Tochter? — Ja, oder nein?
Kleister. Na ja — ja! Ich will da
kein' Streit anfangen!
Brigitte. Und sein Sie nicht, wie
alle Stammgäst' avec famille ein
g'laden? Ich g'hör' zur famille —
also bin ich auch avec! — eing'laden
so gut, wie alle Andern!
Glattmann. Aber liebes Kind! —
Brigitte (spöttisch zu Glattmann).
Ja, — Ihr „lieb's Kind" — Ihr
„Schatzerl" —
Glattmann (ihr mit Blicken Schwei=
gen gebietend). Pst! pst!
Brigitte (heimlich zu ihm). Das
sagen's mir, so oft's mich allein tref=
fen — wenn ich aber einmal bei
einer Unterhaltung sein will — (mit
einem zärtlicheren Blicke) wo — Sie da=
bei sein — —
Glattmann (entzückt, leise zu ihr).
Wie? deßhalb?! —

2 *

Brigitte. Da nehmen's Ihnen nicht um mich an!

Kleister. Aber Brigitterl! — ich hab' eh' die Mutter und Deine vier Schwestern mitg'nommen. —

Brigitte (in Schluchzen ausbrechend). Und nur ich soll die Sclavin — das Aschenbrödel sein — ich soll gar nichts g'nießen!

Glattmann. Weine nur nicht! (Leise.) Es wäre Schade um Deine schönen Augen! Blicke mich freundlich an!

Brigitte (kokett zu ihm aufblickend). Vielleicht so?

Glattmann (begeistert — leise). Das ewige Eismeer müßte sieden, wenn Du einen solchen Blick darauf würfest! — Ich gebe nach! (Zu Kleister und Kreidner laut.) Hören Sie mich! Im Grunde ist doch nicht zu leugnen, daß das arme Mädchen früher Tochter als Stubenmädchen war, die Rechte einer Tochter sind also die älteren, und wenn der Herr Wirth sie für heute der Dienstesleistung entheben wollte — —

Kreidner. Na meinetwegen! Damit sie heut' dableiben kann, bewillig' ich ihr halt ein' Ausgang!

Brigitte (freudig). Dank! Dank! (Für sich.) Doch durchg'setzt! — Ich muß heut' dableiben, denn z'wissen, daß er heut' mitten unter den schönen Damen — na! ich kenn' uns're Damen! — kurz — es hätt' mich nirgends anders g'litten! — ich laß' ihn nicht mehr aus den Augen!

9. Scene.

Vorige. — Klarheim. — Polz. — Kieler. — Grabweg. — Zindler. — Schlicher. — Mehrere andere Gäste (sämmtlich festlich gekleidet, kommen von links).

Kreidner (erstaunt zu den Eintretenden). Was? die Herren kommen alle allein?

Polz. Bewahre! Wir haben alle unsere weiblichen Anhängsel mitgebracht, aber diese versammeln sich in dem oberen Saale — (gegen den Hintergrund weisend).

Kreidner. Den ich zum Speisesaal hab' richten lassen? — Na schön! auf die Art wird er sich erst recht appetitlich ausnehmen!

Kieler. Aber wo bleibt der Festgeber selbst?

Kreidner. Entschuldigen Sie ihn — auch er wirft sich eben in Staat — der Schneider nebenan hat ihm fast sein ganzes Magazin herüberschicken müssen — natürlich! er hat sich auf die Reis' nicht viel mitg'nommen g'habt — aber (gegen rechts horchend) ich hör' Schritt — er wird's sein!

10. Scene.

Vorige. — Sturmfeld. — Dann der Fremde.

Sturmfeld (ebenfalls im Ball-Anzuge, tritt aus der Thüre rechts, zu den Anwesenden im Commando-Ton). G'wehr aus! Habt Acht! Präsentirt!

Der Fremde (in der gewähltesten Toilette, tritt aus der Seitenthüre rechts, lachend zu Sturmfeld). Keine Albernheiten, Vetter! (Zu allen Anwesenden.) Sein Sie mir herzlich begrüßt! Doch — (Sieht sich fragend um.)

Kreidner (zum Fremden). Ich errath', was Ew. Gnaden noch abgeht! (Gibt einen Wink gegen den Hintergrund. Musik ertönt. — Die Glaswände öffnen sich, man sieht den festlich geschmückten und reich beleuchteten Saal, in dessen tiefstem Hintergrunde eine lange, reich mit Silber-Service, Aufsätzen und Blumenvasen besetzte Tafel gerichtet ist.)

11. Scene.

Vorige. — Charlotte. — Marie. Malchen. — Margarethe, Lori, Toni, Gustchen, Pauline. — Mehrere andere Frauen und Mädchen (sämmtlich in reizender Soirée-Toilette). Eudoxia (in einem grauseidenen Kleide, einen Hut mit einem Schleier auf dem Haupte). Nina. — Rosa (in ländlichen Festkleidern erscheinen im oberen Saale passend gruppirt).

Die im Vorsaale befindlichen Herren (treten gegen die Gruppe gewendet, mit einem Ausrufe der Bewunderung zu beiden Seiten zurück).

Fremder (überrascht und entzückt). Bin ich - in Mahomeds siebentem Himmel?!

Brigitte (ist gleich nach dem Erscheinen des Fremden hinter ihn getreten, ihn am Rocke zupfend, leise). Lassen's nur nicht die Augen dort oben stecken! — Herunt' ist auch was!

Fremder (sich flüchtig nach ihr umsehend, leise). Ah — Du auch! (Blickt wieder nach dem Hintergrunde.)

Brigitte (für sich — gekränkt). Na, ich thät halt gar nichts dergleichen!

Sturmfeld (den Fremden an der Hand fassend, zu den Damen). Ich übernehme das Amt des Ehrenholds und stelle dem hohen Tribunale der Schönheit und Liebenswürdigkeit in diesem Herrn meinen lieben Vetter Otto Hellblick vor! —

Der Fremde (verneigt sich gegen die Damen).

Die Damen (nicken ihm Grüße zu, und neigen dann leise flüsternd, aber mit dem Ausdrucke des Beifalls ihre Köpfe gegeneinander).

Sturmfeld (leise zum Fremden). Du hast einen famosen Eindruck gemacht! Glück auf zu den Eroberungen.

Brigitte (für sich). Oho! — da müßt ich auch dabei sein! —

Polz. Aber nun ist's an uns, auch unsere Angehörigen einzeln dem Festgeber vorzustellen! Wenn sich also die Damen ihrer über uns erhabneren Stellung entäußern wollten —

Sämmtliche Damen (kommen über die Stufen in den Vorsaal herab).

Alle Herren (gehen den ihnen Angehörigen entgegen, ihnen die Arme bietend).

Fremder (leise zu Sturmfeld). Sie nahen — sie nahen — die Himmlischen alle!

Brigitte (spöttisch, leise). Herabgekommene Schönheiten! (Geht hinter die Damen, so daß sie bei den weiteren Vorstellungen immer in der Nähe des Fremden bleibt.)

Klarheim (seine Frau dem Fremden vorstellend). Meine Frau. —

Fremder (sich verneigend). Herr Gerichtsrath! Ihr Bureau muß eine Erholung für Ihre Augen sein, welche in Ihrem Hause durch den Glanz solcher Schönheit fortwährend geblendet werden!

Brigitte (für sich). Jetzt gehst denn noch nicht!

(Die Damen werden, nachdem sie vorgestellt sind, zu den Stühlen geführt, auf welche sie sich niederlassen.)

Polz (Marien und Henrietten vorstellend). Meine Frau und Tochter. —

Fremder. Nicht möglich! — Ich dachte wahrhaft in Ihnen (zu Marien) nur eine um weniges ältere Schwester dieses reizendes Fräuleins — (auf Henrietten weisend) begrüßen zu dürfen.

Brigitte (für sich). Ein nagelneues Compliment.

Grabweg (Malchen vorstellend). Meine Schwester.

Fremder (zu Grabweg). Herr Doctor! Sie werden wohl vor Gericht sehr oft als Vertheidiger Ihres Fräuleins Schwester auftreten müssen.

Grabweg. Wie so?

Fremder. Wenn alle durch Sie (sich vor Malchen verneigend) im Herzen Verwundeten als Kläger auf treten. —

Brigitte (für sich). Wenn das lang so fort geht, fahr' ich vor allen Leuten aus der Haut!

Kleister (zu seiner Frau und Töchtern). Kommt's her Alle! (Sie vorstellend.) Meine Familie — (auf Margarethen weisend) das ist die Alte und das sein die Jungen! (Auf die Töchter weisend.) damit kein' Irrung g'schieht!

Brigitte (tritt rasch hinzu, leise zum Fremden). Na — jetzt bitt' ich doch auch um ein schönes Compliment!

Fremder (leise zu Brigitten). Unser Verhältniß muß geheim bleiben! (Mit einer gewissen Herablassung laut.) Sehr erfreut! — (Wendet sich wieder zu anderen Damen, die ihm vorgestellt werden.)

Brigitte (für sich). Vor allen Andern zerfließt er fast — und g'rad mich behandelt er so trocken! (Die Hand an's Herz pressend, sich mühsam beherrschend.) Halt' aus, Herz, halt' aus!

Feldgruber (ist zuletzt mit Nina und Rosa vorgetreten, zu diesen leise). Jetzt muß ich Euch doch auch aufführen!

Fremder (vom Anblicke der beiden Mädchen, wie festgebannt, für sich). Welch' liebliche Erscheinungen! — Wie kommt die reizende Idylle in die bunte Stadtwelt?

Brigitte (ihn beobachtend, für sich). Na? — na? — na?!

Feldgruber (zum Fremden). Herr! ich bin der Pfleger von dem Gut, was jetzt auch Ihnen zufällt, und ich komm' —

Fremder. Und bringen mir zwei wundervolle Blümchen, die unter Ihrer Pflege sich so herrlich entfaltet haben --- hier (Ninas Hand fassend) eine Kornblume mit den sanften Himmelsaugen — hier (Rosa's Hand fassend) ein purpurglühendes Waltrös-

chen — (Spricht eifrig mit Feldgruber und den Mädchen fort.)

Brigitte (für sich). Was er nur wieder an den zwei Landpomeranzen sieht! (Immer eifersüchtiger auf den Fremden sehend.) Und das ist nicht blos so fad' g'schmeichelt — er scheint wirklich warm z'werden! — Na wart'! ich werd' für ein' Abkühlung sorgen! (Tritt zu Glattmann, welcher mit Eudoxia beobachtend seitwärts steht.) Herr von Glattmann! werden denn Sie Ihre Fräule Tochter nicht auch mit dem galanten Herrn (auf den Fremden weisend) bekannt machen?

Eudoxia (steif und gemessen). Ich geize nicht nach dem Glücke! Nur die eitlen Thörinen (auf die übrigen Damen weisend) können solch' fade Schmeicheleien für baare Münze nehmen! — Wie sie alle nach ihm blicken — ihn mit den Augen verschlingen wollen! O weibliche Scham! wohin bist du entflohen?

Glattmann (leise zu Eudoxia). Ja, bis jetzt hat er das ganze Weibsvolk für sich! aber merke wohl auf! Ich mache einen Schachzug, und alle — alle — bis auf Eine — sollen in seine ärgsten Feindinen verwandelt werden!

Brigitte (leise). Das wär g'scheid'! — Das verdient er — der Schnittling auf allen Suppen!

Fremder (zu Feldgruber). Sein Sie ganz außer Sorgen — sobald ich im Besitze bin — schließ' ich mit Ihnen einen lebenslänglichen Vertrag!

Feldgruber (hocherfreut). Lebenslänglich! Herr —!

Rosa (dem Fremden herzlich die Hand drückend). Nehmen's auch unsern Dank!

Fremder (zu Rosa). Ich werde mir ihn an Ort und Stelle holen! (Zu Feldgruber.) Ich werde morgen auf das Gut hinausfahren, und versehe mich eines freundlichen Empfanges von Ihnen und Ihren lieben‚— lieben Kindern! (Entfernt sich von ihnen, aber fortwährend noch nach Rosa blickend, für sich.) Ein wunderliebes Kind! — Wahrhaftig! sie allein fand unter allen einen Weg in mein Herz! — magnetisch fesselt sie meine Blicke! (Geht so, immer nach Rosa sehend, gegen die andere Seite, bis er dicht vor Glattmann und Eudoxia kömmt, und beinahe an sie anprallt.) Oh! — Pardon!

Glattmann (Eudoxia vorstellend). Meine einzige eheleibliche Tochter, Leiterin des Institutes für tugendhafte Dienstmädchen.

Eudoxia (schlägt den Schleier zurück, hinter welchem sich ihr fahles häßliches Gesicht barg, und grüßt mit stolzem Kopfnicken).

Fremder (fast zurückprallend — für sich). Bin ich denn in einem Museum, wo Mumien gezeigt werden?

Brigitte (schadenfroh für sich). Jetzt verschlagt's ihm die Complimente!

Fremder (sich wieder etwas fassend). Mein Fräulein! — entschuldigen Sie! — meine Verwirrung — aber — die strenge Tugend, welche gleichsam Ihr Antlitz überstrahlt, wirkt beinahe vernichtend auf ein sündiges Menschenkind!

Eudoxia (mit Stolz zu Brigitten). Sieh! mich wagt er nicht mit banalen Redensarten zu behelligen — das ist die Macht echter weiblicher Tugend!

Brigitte (für sich). Wenn man so ausschaut, bleibt ein' freilich nichts Anders übrig, als tugendhaft z'sein!

Kreidner (welcher indeß im Speisesaale mit Anordnungen beschäftigt war, vortretend). Meine Herrschaften! das Souper wird servirt.

Die Herren (treten zu den Damen, um ihnen die Arme zu bieten).

Sturmfeld (zum Fremden). Nun, Vetter! reiche doch auch einer Dame deinen Arm. —

Glattmann (leise zu Eudoxia). Jetzt gib Acht! (laut). Ich erlaube mir einen Antrag zu stellen. —

Die Herren. Lassen Sie hören?

Glattmann. Um unsern Herrn Festgeber (auf den Fremden weisend) für seine Gastfreundlichkeit zu revanchiren, schlage ich vor, ihm das Recht einzuräumen, unter all' den anwesenden Damen Eine zur Tischnachbarin zu wählen, und die so Ausgezeichnete sei für den ganzen Abend die Königin des Festes!

Die Herren. Bravo! bravo! — Angenommen!

(Große Bewegung unter den Damen)

Henriette. Welche wird er wählen!

Malcher. Wenn mich sein Blick nicht täuschte. —

Nina. Gott! wenn er nur mich nicht ——

Rosa. Ich glaub' — ich werd' mich nicht irren. —

Brigitta. Wenn er jetzt ein' Aud're wählt, der kratz' ich b'Augen aus!

(Alle fast zugleich — jede für sich.)

Fremder. Meine Herren! Dieser Antrag — er setzt mich in die peinlichste Verlegenheit! — Der Hirte Paris hatte nur unter drei Göttinnen zu wählen — und ich soll unter so vielen Huldinen — (sein Blick fällt auf Rosa) sie den ganzen Abend an meiner Seite? — (Plötzlich von einem Gedanken durchzuckt.) Ruhig! kaltes Blut! — Behalte den Hauptzweck vor Augen! — Herz, schweige! — Schlauheit handle! (laut). Nun — ich mache Gebrauch von dem mir zugestandenen Rechte und — — (tritt rasch zu Eudoxia) bitte Sie, mein Fräulein! einen Unwürdigen zu begnadigen!

Eudoxia (höchst überrascht). Mich?!

Glattmann (ebenso). Meine Meine Tochter?!

Alle Damen (unter sich). Die! gerade die?!

Brigitte (für sich). Die vergunn' ich ihm!

Eudoxia (legt ihre Hand auf des Fremden Arm). Ich nehme die Wahl an.

Fremder. Meine Herren! bringen Sie der Festkönigin ihre Huldigung dar! (Schreitet mit graziöser Haltung mit Eudoxien dem Hintergrunde zu.)

Die Herren. Hoch die Festkönigin! Hoch! hoch! (Musik).

Der Vorhang fällt.

Zweiter Akt.

Reizende Landschaft — im Vordergrunde rechts Feldgruber's Haus im Schweizerstyle mit einer von blühenden Schlinggewächsen umrankten Veranda, vor derselben Blumenbeete — links Gebüsche unter hohen Bäumen, rückwärts ein kleiner See, an dessen Ufer ein Kahn an einem Pfahl gebunden ist — den gänzlichen Hintergrund nehmen Gebirge ein.

1. Scene.

Leonardi — dann Rosa — Nina.

Leonardi (im Antlitze noch Spuren überstandener Krankheit, sitzt, Palette und Pinsel in der Hand haltend an einer Staffelei, auf welcher ein angefangenes Bild, die Gebirgsgegend mit dem See darstellend, steht, an welchem er malt). Gott sei Dank! mein Auge ist wieder hell — auch die Hand hat ihre Sicherheit wieder gewonnen! — Und heute bin ich ungestört — (seufzend) sie sind ja alle gestern nach der Stadt! (Nachdenkend). Ob wohl die Mädchen, fern von mir, meiner gedenken, so wie mich fortwährend ihre Bilder umschweben? — (Hält mit dem Malen ein und betrachtet das Bild.) Der Landschaft fehlt noch eine belebende Staffage —

Nina (noch im selben Anzuge wie zum Rosa (Schlusse des 1. Aktes treten leise aus dem Hause, winken sich gegenseitig Schweigen zu, lehnen sich dann an das Geländer der Veranda, und sehen dem Malenden zu).

Leonardi. Wenn ich dort im Kahne eine freundliche Mädchengestalt — ich will's versuchen — (Beugt sich wieder näher gegen das Bild und malt.)

Rosa (gibt Nina einen Wink, eilt dann leise die rückwärtigen Stufen der Veranda herab, und, vom Maler nicht bemerkt, zum Kahne, in welchem sie, auf das Ruder gestützt, stehen bleibt).

Nina (schleicht gleichzeitig die vorderen Stufen herab, tritt hinter Leonardi's Stuhl und sieht über seine Schulter auf das Bild).

Leonardi. Der Wasserspiegel muß den Schatten des Kahnes und die Gestalt — (Sieht gegen den See, beim Anblicke Rosa's freudig ausrufend.) Ha! Röschen! — Sie — hier?! (Wirft Palette und Pinsel weg, springt vom Sitze auf, wendet sich und erblickt auch Nina.) Und Sie — Nina!

Nina (etwas gereizt). O, lassen Sie sich nicht stören — Sie haben ja

dort (auf Rosa weisend) das schönste
Modell!

Leonardi. Wie könnt' ich jetzt
fortmalen! Ich zitt're vor freudiger
Erregung! Sie beide schon wieder
zurück?

Rosa (kömmt ebenfalls vorwärts).
Ja — leider! —

Nina. Ich danke dem Himmel,
daß der Vater seinen Vorsatz, uns
länger in der Stadt zu lassen, nicht
ausführen konnte!

Leonardi. Es mißfiel ihnen also
dort?

Rosa (absichtlich ihn neckend). O
durchaus nicht! — Denken's Ihnen
nur, gleich gestern auf ein' großen
Ball g'wesen — und die schönen
Tänzer!

Nina. Ich habe nicht getanzt!

Rosa. Ich desto mehr, und bei=
nah' immer mit dem nämlichen
Tänzer!

Leonardi (piquirt zu Rosa). Sie
scheinen also eine Eroberung gemacht
zu haben?

Rosa (wie oben). Und was für
eine! Ach! ein so galanter — so in=
teressanter junger Herr! — und das
Tanzen! — das Tanzen! Wie er
mich so leicht um die Mitte gefaßt
hat — dazu die Musik! (Trillert einen
Walzer und macht dazu die tanzende Bewegung) ach! ich hab' g'laubt, wir fliegen
durch die Wolken!

Nina. In mir weckte das ganze
bunte Gewoge nur die Sehnsucht
nach Einsamkeit!

Leonardi (zu Rosa). Ihr Herz ist
wohl in der Stadt zurückgeblieben?

Rosa (lachend). Na, versteht sich!
— Ich hab's gleich d'rin lassen, zu
was denn die Herumschlepperei?

Nina (zu Leonardi). Kränkt Sie's,
daß meine Schwester bereits eine
Wahl getroffen zu haben scheint?

Leonardi. Eine Wahl? (Achsel-
zuckend.) Mag sein! (Zu Rosa). Aber
Sie lieben nicht?

Rosa. So? — wer sagt Ihnen
denn das?

Leonardi. Ihre muthwillige Hei=
terkeit!

Rosa. Ha ha ha! Als ob die Lieb'
traurig machen müßt! Schaun's, ich
lieb' unsern Herrgott doch g'wiß mit
ganzer Seel, aber wenn ich so in der
Früh munter werd' — 's Fenster
aufmach, und mir so vom sonnigen
Wald die Morgenluft entgegenweht
— glaubens, ich könnt da ein langes
Gebet hersagen? Nein! — ich lach'
so recht freudig der Natur entgegen,
und ich mein', das ist auch ein Ge=
bet, und der liebe Gott muß sei'
Freud' dran haben, wenn man ihn
so recht lustig liebt!

Leonardi (sie entzückt betrachtend,
für sich). Sie ist reizend in ihrer Kind=
lichkeit! (Wendet sich gegen Nina.)

Nina (schien in seinen Anblick versun-
ken, wendet sich aber rasch ab und trocknet
sich die Augen).

Leonardi (für sich). Doch ein tie=
feres Gefühl ist dieser eigen! —

2. Scene.

Vorige — Feldgruber.

Feldgruber (noch in Hemdärmeln,
eine Schlafmütze auf dem Kopfe, und ein
kurzes Pfeifchen im Munde, tritt aus dem
Hause und bleibt, die Anwesenden erblickend,
auf der Veranda stehen, für sich). Aha! —
darum sein die Madeln, wie wir in
aller Früh z'Haus kommen sein, gar
nit mehr schlafen gangen? na ja!
sie könnten was versäumen! (Lehnt sich
mit beiden Armen auf das Geländer der
Veranda, und beobachtet die jungen Leute.
für sich.) Aber was geht denn da
eigentlich vor? — Bin doch neugierig.

Leonardi (steht noch immer still
beobachtend zwischen beiden Mädchen, seine

Blicke bald der einen, bald der andern zu-
wendend).

Feldgruber (nach einer kurzen Pause
für sich). Er red't nix, und sie hören
ihm zu! — 's ist ein Unsinn! (Streckt
sich und gähnt laut).

Nina (aufblickend, erschreckt). Vater!

Rosa (freundlich). Ah, Vaterl! schon
ausg'schlafen?

Feldgruber (herabkommend). Ja
— ich kann nie lang schlafen, wenn
ich weiß, daß's in der Fruh was
z'thun gibt! — nur ein' klein' Dun-
ker, und nachher sein wir wieder da
— beim Dasein! (Zu Leonardi.) Guten
Morgen, Landschafts-Abschreiber!

Leonardi. Guten Morgen! Ich
bin erstaunt, Sie schon wieder hier
zu sehen — was bestimmte Sie denn
zu so rascher Heimkehr?

Feldgruber. Na, man muß doch
z'Haus sein, wenn sich Gäst' anmelden!

Leonardi (seinen Schreck bemeisternd).
Gäste — hier?!

Rosa (wieder neckend zu Leonardi).
Ja — er — der G'wisse — hat versprochen, uns heut' schon zu b'suchen!
— Sie haben also G'legenheit, ihn
kennen z'lernen!

Leonardi. Ich trage kein Ver-
langen darnach!

Feldgruber. Pah! Die Visit
geniret mich weniger, aber der Herr
Glattmann will mit mehreren seiner
Bekannten da heraußen eine Zusam-
menkunft halten.

Leonardi (immer ängstlicher). Also
eine große Gesellschaft?!

Feldgruber. Ja, und wann
d'Stadtleut' zu unsereim' auf's Land
herauskommen, sein's wie d'Heuschrecken — sie fressen Alles auf! —
(Zu den beiden Mädchen.) Also schaut's
in der Kuchel nach.

Rosa. Gleich — gleich! (Zu Leonardi). Für Ihnen werd' ich was Leich-
tes richten!

Leonardi (wie oben). Nein —
nein — ich danke — ich werde nicht
theilnehmen!

Feldgruber. Warum denn nicht?
— so krank sein's ja nimmer!

Leonardi. Nein — im Gegentheile — ich fühle mich stark genug,
um den heutigen schönen Tag zu
einem Ausfluge in das Gebirg zu
benützen!

Rosa. Was fällt Ihnen ein? —
wollen's Ihnen wieder verderben?

Nina (zu Leonardi). Ich bitte und
beschwöre Sie —

Rosa (mit komischer Strenge). Und
ich befehl'! Sie werden da bleiben! bei
meiner Ungnade!

Leonardi (etwas spitz zu Rosa). Sie
werden mich nicht vermissen! für
einen Ersatzmann ist ja gesorgt!

Rosa. Ha ha ha! Also das?! —
(Fährt ihm leicht mit der Hand über das
Gesicht.) Sie sein a Narrerl! — Blei-
ben's nur da, und ich versprech' Ihnen,
wer auch kommt, den Appetit soll
Ihnen Niemand verderben! (Eilt in's
Haus ab.)

Nina. Ich treffe Sie also noch?
— gewiß? (Geht, fortwährend nach ihm
blickend ebenfalls in's Haus.)

Leonardi. Ich muß fort — und
sogleich! (Geht zur Staffelei und packt die
Palette und Pinsel in die Chatouille.)

Feldgruber. Hm! ich halt' Ihnen
nit auf, wenn's Ihnen in mein' Haus
nit mehr g'fallt!

Leonardi (rasch zu ihm zurückkeh-
rend). Nicht gefallen — in Ihrem
Hause? Oh! könnt' ich dieses Fleck-
chen Erde mit seinen lieben Bewoh-
nern weit — weit von hier wegver-
setzen — zur Insel machen — rings
vom Meer' umgeben!

Feldgruber (mit über den Rücken
gekreuzten Armen, ihn ansehend). Aber
sonst geht's Ihnen gut? — Sie —

allein auf einer Insel — mit meinen
zwei beiden Töchtern —

Leonardi (betroffen). Herr Feldgruber!

Feldgruber (losbrechend). Ah was!
g'redt muß einmal werden! 's ist ja
ein Unsinn! — Ich bin g'wiß keiner
von den Skrupulösen — wenn ein
junger Mensch sich in Eine verliebt
— da kann er nichts davor! — aber
gleich paarweis! — Wenn so was
mitten unter den Wilden vorkäm',
so müßt sich die Polizei b'rein legen!

Leonardi. Beurtheilen Sie mich
nicht falsch! Die Liebenswürdigkeit
Ihrer beiden Töchter mußte einen
Eindruck auf mich machen — aber
ich habe mein Herz strenge gehü-
tet, daß es weder für die Eine noch
für die Andere in Leidenschaft ent-
brenne!

Feldgruber. Immer schöner!
Ihr Haus verassekuriren's, was liegt
Ihnen d'ran, wann die Nachbar-
häuser rechts und links brennen?

Leonardi (mit kaum verhehltem
Entzücken). Sie glauben also, daß Ihre
Töchter —

Feldgruber. Ganserln sein — alle
zwei! — Interessiren sich da für ein'
Menschen, der mir, dem eigenhändi-
gen Vater, in's G'sicht sagt, daß er
sich vor einer Liebschaft hüt'! (Zornig
vor ihn tretend). Und warum? — ich
frag': warum? Donnerwetter! Glauben's, Sie thäten Ihrem Stolz was
vergeben, wann's um a Tochter vom
Feldgruber anhalteť'n?

Leonardi. Nein — nein! und
wenn mein Herz vor Liebe bräche —
ich könnte — ich dürfte jetzt keinem
Mädchen meine Hand bieten!

Feldgruber (sieht ihn verwundert
an). 's ist ein Unsinn! — (Ahnend.)
oder — sein's vielleicht gar — schon
verheirat?

Leonardi. Nein — nein!

Feldgruber. Na — wenn's also
ganz frei sein —

Leonardi. Frei?! (finster vor sich
hinstarrend). Wer weiß, wie lange noch?

Feldgruber (macht entsetzt einen
Sprung zurück). Herr Gott! — Sie
sein am End' — ein heimlicher Ver-
brecher?

Leonardi. Ja! — die Gerichte
verfolgen mich — —

Feldgruber (bis zum Hause retiri-
rend). So schaun's, daß's weiter kommen! — Wann in mein' Haus —
ein' Arretirung! (Fortdrängend.) Gehn's
— gehn's! B'hüt' Ihnen Gott, wann
er von Ihnen noch was wissen will!
(Will in's Haus ab.)

Leonardi. Bleiben Sie — einen
Augenblick noch! — Ich will nicht
verachtet von Ihnen scheiden!

Feldgruber. So? Respekt soll
ich vielleicht auch noch haben!

Leonardi. Hören Sie mich!

Feldgruber. Ich bin kein Freund
von Rauberg'schichten!

Leonardi. Ich lebte in letzterer
Zeit in einer Stadt am Rhein —

Feldgruber. Nicht im Böhmer-
wald?

Leonardi. In einem dortigen
Hôtel kam ich mit einem französischen
Cavalier in Berührung — er gefiel
sich in fortwährendem Spotte über
uns Deutsche —

Feldgruber. Na — er hat vielleicht nicht so ganz Unrecht g'habt —

Leonardi. So lange es bei Witze-
leien blieb, bemeisterte ich mich —
als er aber entehrende Worte gegen die ganze Nation ausstieß — —
Herr! sagen Sie selbst — hätten Sie
sich nicht mit ihm geschlagen?

Feldgruber. Mit ihm? Nein!
ich hätt' ihn allein g'schlagen!

Leonardi. Ich forderte ihn
nur wenige Gänge — und er lag da
— in seinem Blute!

Feldgruber. Recht ist ihm g'schehen!

Leonardi. Der Vorfall blieb kein Geheimniß — die mächtigen Verwandten des Gefallenen drangen durch ihren Gesandten auf meine Bestrafung — ich erfuhr dies von meinem Wohnungsgenossen — einem jungen Schauspieler — dieser wußte mir einen Paß auf fremden Namen zu verschaffen, und drängte mich zur eiligsten Flucht — ich übergab ihm alle meine Papiere und sonstigen Habseligkeiten zur Aufbewahrung, und verschwand noch in derselben Nacht. — Ich wollte über das Meer — nach Egypten — aber in der Hafenstadt erfuhr ich, daß ich auch dort schon signalisirt sei — beim Betreten des Bordes wär' ich festgenommen worden — ich kehrte also wieder um — und kam endlich, sorgfältig die gebahnten Wege meidend, in diese Gegend — meine Kräfte waren bereits erschöpft — und — doch das Weitere wissen Sie! —

Feldgruber. Ja, das Weitere ist das nähere Verhältniß mit meinen Töchtern!

Leonardi. Noch hat dies die Grenzen der Freundschaft nicht überschritten — aber — Herr Feldgruber, wenn es der Vermittlung eines hohen Gönners, an welchem ich mich bereits brieflich gewandt habe, doch gelänge, meine Gegner zu versöhnen — wenn ich dann ungefährdet unter meinem wahren Namen Sie um die Hand einer Ihrer Töchter bäte —

Feldgruber. Aber, Sapperment! um welche denn? — 's kann Ihnen doch nicht ganz Alleseins sein! — 's ist ja ein Unsinn!

Leonardi. Jede Ihrer Töchter besitzt Vorzüge, welche denen ihrer Schwester die Wage halten; — gleichgiltig — das sagten Sie mir selbst, bin ich keiner von beiden — doch dem prüfenden Blicke wird es sich bald offenbaren, welche von ihnen mich wahrhaft liebt, und dieser sei dann auch meine Liebe — mein ganzes Leben geweiht! Aber (ängstlich horchend) ich höre Stimmen — (sieht gegen links) dort — den Waldweg herab —

Feldgruber (auch hinsehend). Richtig — der Herr Glattmann in Begleitung — —

Leonardi. Schnell fort! — Sagen Sie Niemandem von meinem Hiersein — leben Sie wohl! spät Abends komme ich wieder heim! (Rafft schnell die Staffelei und Maler-Requisiten zusammen, und eilt hinter dem Hause ab.)

Feldgruber (allein, ihm nachsehend). Die Maler haben doch alle ein' Spahn! Will der erst sehen, die welche ihn mehr lieb hat! — Am End' verlanget er gar, daß ich ihm meine Töchter eine nach der andern auf Prob' heiraten laß'! — 's ist ein Unsinn! (Wieder nach links sehend.) Aber, da fallen die Heuschrecken schon ein!

3. Scene.

Feldgruber. — Glattmann. — Brigitte. — Kleister (kommen von links).

Kleister (ein aufgespanntes rothes Paraplui tragend, und sich mit dem Sacktuche Luft zufächelnd).

Glattmann (führt Brigitten, die ein großes Parasol trägt, am Arme).

Feldgruber. Grüß Gott! — Schon da?

Kleister. Schon? — Ich hab glaubt der Wald nimmt schon gar kein End! — Die Hitz' und der Durst —

Glattmann. Es rieselten doch überall die Waldquellen —

Kleister. Aber nirgends ein Wirthshaus! — Und von der Eisenbahnstation bis daher — das ist ja ein Eselsweg!

Feldgruber. Sein Sie ihn z'Fuß gangen?

Glattmann. Ja, mein Lieber! Es ist einem Stadtmenschen wahrhaft erquicklich, einmal so in der freien Natur zu wandeln, und (mit einem Seitenblicke auf Brigitten) die Schönheit der Schöpfung zu bewundern! Nichtwahr, mein gutes Kind?

Brigitte. Ja, ich bin Ihnen auch recht dankbar dafür, daß's mich auf die Landpartie mitgenommen haben!

Glattmann. Führe Dich nur gut auf, und ich werde Dich noch öfter mitnehmen!

Feldgruber. Aber irr' ich mich nicht, so hab' ich die Mamsell ja in dem Einkehrwirthshaus — —

Brigitte. (verschämt thuend). Ja, ich war dort — aber der Herr von Glattmann meint, so ein Platz wär' nichts für mich — ich könnt' gar z'leicht verdorben werden!

Glattmann. Und deshalb hab ich sie von dort weggenommen, und bei mir selbst — d. h. bei meiner Tochter untergebracht. — (Seine Hand auf Brigittens Haupt legend.) Ich hoffe, sie wird anstellig sein — sich fügen —

Brigitte (schelmisch zu ihm aufblickend). Deswegen haben Sie mir schon während dem ganzen Weg gute Lehren geben!

Kleister. Das ist wahr! hinein-g'redt hat der Herr Präsident g'nug in Dich, also nimm was an — leg' Dein' Eigenwillen ab! — Du wirst doch nicht das einzige Exemplar sein wollen, was aus meinem Atelier ungebunden hervorgangen wär'!

Feldgruber. Aber ich laff' Sie da herauß stehen — (gegen das Haus weisend) ist's denn nicht g'fällig?

Glattmann. Ich muß vor der Hand noch heraußen bleiben — ich erwarte noch einige Freunde — wenn indeß Herr Kleister Ihr Haus, und

(absichtlich betonend) Ihre großen Kellerräume besehen will —

Kleister (aufhorchend). Keller? — Sein Fässer drinn?

Feldgruber. Hobelspä'n nicht!

Kleister. Und in den Fässern Wein?

Feldgruber. Na — saure Milich nit!

Kleister. Sehr vernünftig! (Sich in Feldgrubers Arm einhängend, zutraulich.) Sagen's mir, haben Sie nie bemerkt, daß sich in Ihrem Keller Katzen aufhalten?

Feldgruber. Hm, manchmal!

Kleister. Auch eine schwarze Katz?

Feldgruber. Na ja! — aber warum fragen's denn?

Kleister. Aus Wißbegierde! Sehen's — das Faß, auf dem die schwarze Katz g'sessen ist, interessirt mich ungeheuer! Das zeigen's mir!

Feldgruber (lachend). Ja so! — s'Fassel wollen's sehen, und in's Glasl wollen's gucken! Warum sagens denn das nicht gleich? — (Mit Kleister abgehend, für sich.) Was die Stadtleut' für Umschnitt machen! — 'sist ein Unsinn! (Ab mit Kleister.)

Glattmann (für sich). Gottlob, den hab' ich los, und sonst — (Sieht sich vorsichtig um.)

Brigitte. Sie selber schicken heut' mein' Vater in den Keller?

Glattmann. Um einmal mit Dir allein zu sein. — (Legt seinen Arm um ihre Taille.) O Brigitte!

Brigitte (sich von ihm losmachend, ermahnend). Herr Präsident des Tugendvereines —!

Glattmann (etwas ärgerlich). Nun ja — das bin ich — und ich weise so Viele auf den Weg der Tugend —

Brigitte. Aha! Sie machen's so, wie der hölzerne Wegweiser, an dem wir vorhin vorübergegangen sein!

Glattmann (nicht recht begreifend). Wie macht's denn der?

Brigitte. Sehn's — der hat den Arm so ausg'streckt (zeigt es) und drauf steht: „Nach Disteldorf" — er zeigt also Allen den rechten Weg — aber er selber geht ihn nicht!

Glattmann. Und hat dennoch seine Bestimmung erfüllt! — Und sieh', so denk' ich auch, wenn man, wie ich, so viel zur Besserung der übrigen Menschheit gewirkt hat, dann verschlägt's nicht, wenn man manchmal auch seiner menschlichen Schwäche nachgibt. — Von diesem Standpunkte mußt Du mich beurtheilen, wenn Du von nun an in meinem Hause — in meiner nächsten Nähe — (Will sie wieder an sich ziehen.)

Brigitte (ausweichend — bescheiden). Oh! ich hab' gar nix z'beurtheilen — ich bin nur als Dienerin —

Glattmann (dringlicher). Als solche will ich Dich gar nicht behandeln —

Brigitte (wie oben). O nein! ein Unterschied der Stände muß sein! — Sie sein einmal der gnädige Herr —

Glattmann. Diese Schranke soll zwischen uns fallen! Wir wollen's so halten, wie der persische Weise Hariri sagt —

Brigitte. Der Hariri? — was sagt denn der?

Glattmann. Er sagt: „Weißt, wo es keinen Herrn und keinen Diener gibt? „Wo Eins dem Andern dient, weil (sie rasch an sich ziehend) Eins das Andere liebt!"

Brigitte (zu ihm aufsehend). Sagt der Hariri?

Glattmann. Der Hariri!

Brigitte. Und darnach wurden also auch Sie mir dienen?

Glattmann (feurig). Ich würde Dein Sklave — Dein Leib-Lakei! — O Mädchen! — Brigitta! (Will sie küssen.)

Brigitte (abwehrend). Halt, halt! heut' ist noch nicht Brigitta-Kirchtag! Ich muß erst wissen, ob Sie auf alle meine Bedingungen eingehen —

Glattmann. O, sprich sie aus — bedingungslos sind die bedungenen Bedingungen erfüllt!

Brigitte. Sie dürfen vor mir gar kein Geheimniß haben!

Glattmann. Keines! Du sollst in mein Innerstes blicken können, als ob ich an Brust und Stirn Glasfenster hätte!

Brigitte (für sich). Dann sehet ich, wie schlecht sein Meublement ist! (Laut.) Ich muß bei allen ihren Berathungen zugegen sein dürfen!

Glattmann (bedenklich). Hm! — bei unsern Sitzungen — ein weibliches Individuum? — das ist gegen allen Usus!

Brigitte. Gewesen! Wir leben in einer Zeit des Fortschrittes! — man hat eigene Anstalten begründet, um auch Frauenzimmer zu solchen Geschäften zu bilden, auf die sonst nur Männer 's Privilegium g'habt haben.

Glattmann. Ob sie's aber auch treffen werden?

Brigitte. Jedenfalls leichter, als wenn die Männer einmal das verrichten müßten, was sonst nur der Beruf der Frauen war! — waren doch Frauen schon Klingelbeutelmänner! — warum wollen's also mich nicht wenigstens als Schriftführerin bei Ihren Sitzungen anstellen?

Glattmann. Als Schriftführerin? — Nun — das ginge allenfalls! — aber (wieder zärtlich) wenn ich nun Alles dies erfülle — Brigitte! (Hält ihr die Hand hin.) dann —?

Brigitte. Dann — (für sich) soll er erst erfahren, (seine Hand fassend) wie man ein' Gimpel fangt!

Glattmann (außer sich vor Entzücken). O dieses „dann"! — dieser Hände-

druď! — biefer himmelverheißenbe
Blick! laſſ' mich ganz in ihn verſen=
fen! (Will ihr in die Arme fallen, man hört
vom Hauſe her Kleiſters Stimme.)

Brigitte. Ruhig! — der Vater!

Glattmann (ärgerlich). O läg' er
lieber hinter den Fäſſern — hier iſt
er ſehr ungelegen!

4. Scene.

Vorige — Kleiſter — Feldgruber.

Feldgruber (kömmt voraus aus dem
Hauſe eine volle Weinflaſche tragend, zu dem
ihm folgenden Kleiſter). Nein! glauben's
mir, im Keller thut's viele Weintrin=
ker nicht gut! — Koſt haben's ihn!

Kleiſter. Was hab' ich vom
Koſten?

Glattmann (ſehnſüchtig auf Brigit=
ten blickend, für ſich). Ja, was hab ich
vom Koſten?

Kleiſter. Warm hat er mir wohl
gemacht!

Glattmann (wie oben). Sie mir
auch!

Kleiſter. Ich fühl' mich jetzt in
einer ſo gehobener Stimmung!

Glattmann. Ich auch!

Kleiſter. Und wenn's jetzt zu
einer Berathung kommt — ha! wie
ich jetzt reden werd —!

Feldgruber (für ſich). Ein' Unſinn!

Glattmann. Ich hoffe, meine
Worte werden heute wirken! Ich ver=
ſpüre in mir eine gewiſſe jugendliche
Begeiſterung! — Es iſt mir ein
kleiner Cicero erwacht!

Sturmfelds Stimme (noch hin=
ter der Scene links rufend). Nur mir
nach! — Halb rechts! — Im Dop=
pelſchritt' — marſch!

Glattmann (nach links ſehend). Ah!
da kommen ſchon die Zuſammenberuf=
nen! Unſer Rechts=Anwalt, iſt auch
dabei! —

5. Scene.

Vorige — Sturmfeld — Dr.
Schneidig — Vollhuber — Rich=
tinger. (Die beiden letzteren in abgeſchabner
Kleidung — kommen von links.)

Sturmfeld. Da ſind wir! O, ich
kenne den Weg zu Vetter Feldgrubers
Haus genau! (Zu Feldgruber.) Grüß Dich!

Feldgruber (zu Sturmfeld, gleich=
giltig). Servus! (Für ſich.) Der ſucht
mich fleißig heim, wenn er umſonſt
eſſen will! — (Zu den übrigen.) 'Scha=
uer Diener meine Herren! (Auf das
Haus weiſend.) Spazieren's nur herein!

Sturmfeld. Nein — nein! wir
alle bei der Schwüle in einer niederen
Stube! — das geht nicht! — Wir
bivouakiren im Freien! Nicht wahr,
meine Herren?

Glattmann. Ganz recht! (zu Feld=
gruber). Wenn Sie uns einen Tiſch
und Stühle herausſchaffen laſſen
wollen — und dann vor Allem Papier
und Schreibgeräthe — den Imbiß
wollen wir erſt nach gethaner Arbeit
einnehmen!

Feldgruber. Wie's g'fällig iſt!
(Wendet ſich gegen das Haus.)

Kleiſter (zu Feldgruber). Aber
Sie! — die Flaſchen laſſen's da!
(Nimmt ihm die Flaſche ab.) 's iſt wegen
der Anfeuchtung!

Feldgruber (winkt gegen das Haus).

6. Scene.

Vorige — Vier Knechte.

Feldgruber (zu den Knechten).
Nur da heraus und daherg'ſtellt!

Zwei Knechte (tragen einen langen
Tiſch, worauf Trinkgläſer, Papier und
Schreibzeug, heraus, und ſtellen ihn in die
Mitte der Bühne).

Zwei andere Knechte (bringen
die nöthige Anzahl Stühle, welche ſie um
den Tiſch herumſtellen, und ſich ſodann
wieder entfernen).

Feldgruber (während dies geschieht, zu Brigitten). Will die Mamsell nicht derweil zu meinen Töchtern hinein?

Brigitte (mit Wichtigkeit). Nein! — mich hat der Herr Präsident als Protokollistin ang'stellt!

Sturmfeld (zu Glattmann). Da haben Sie wieder einmal was Sauberes angestellt!

Feldgruber (für sich). A Weibsbild als Schreiberin! — 's ist ein Unsinn!

Glattmann (zu Allen). Ich bitte Platz zu nehmen! (zu Brigitten) der kleine Schriftführer an meiner Seite! (Nimmt den Platz oben an.)

Brigitte (setzt sich rechts neben ihn, schneidet sich mit der Papierscheere das Papier zurecht u. dgl.)

Kleister. Und die Flaschen an der meinigen! (Stellt die Flasche vor den Platz, an welchen er sich setzt.)

Alle übrigen (setzen sich ebenfalls).

Brigitte (eine Feder ergreifend). Gott da herauf haben's noch Gansfedern!

Feldgruber. Kenn' keine andern!

Brigitte (steckt sich mit bureaukratischer Miene die Feder hinter das Ohr).

Feldgruber (sie betrachtend für sich). Sie schmückt sich wenigstens nicht mit fremden Federn!

Glattmann (erhebt sich wieder von seinem Sitze). Meine Herren! Ich habe Sie eingeladen, sich hier zusammenzufinden, für's erste aus dem Grunde, damit vor der Hand von unseren Besprechungen nichts in die Oeffentlichkeit bringe, denn Sie wissen Alle, daß in der Stadt die gottlose, selbst das Heiligste nicht schonende Journalistik jeden Anlaß benützt, um das Wirken unserer Vereine in's Lächerliche zu ziehen!

Kleister. Ja, so ist's! — O diese Schandpresse! — Wie achtungswerth ist dagegen Ihre Preß', Herr Feldgruber, die ich unten im Keller steh'n g'sehen hab' — die bringt doch ein' guten Geist in die Bevölkerung!

Glattmann. Der zweite Grund aber ist der, daß wir uns hier im Hause eines Verwandten des seligen Eulenbruck befinden, welcher, so wie unsere Vereine in seinen gerechten Ansprüchen verletzt ist!

Feldgruber. Was verletzt — was Ansprüch'? — Wann er mir hätt' was vermachen wollen, wär's sein guter Willen g'wesen, — er hat's nicht gethan — na! ist auch recht! deswegen leb' ich doch!

Glattmann. Aber lieber Feldgruber! fassen Sie doch nicht Ihre Stellung allein in's Auge — es handelt sich um die Verwandtschaft in corpore — mit dieser wollen wir — d. h. die bekannten Vereine eine Art Fusion schließen!

Schneidig. Damit der Anprall von zwei Seiten geschieht. —

Kleister (zu Feldgruber). Versteh'ns — viele Hund sein des Hasen Tod, deswegen haben wir uns alle zusammengethan.

Feldgruber. Und der jetzige Erb' ist der Has' — also sein die Herrn — (auf alle Versammelten weisend) aber ich will kein' beleidigen — Sie sein alle meine Gäst.

Glattmann. Siegen wir dann, so verpflichte ich mich im Voraus, daß jeder der Verwandten auch einen Theil der Erbschaft erhalten soll. —

Sturmfeld. Wir bekommen dann selbst unser Stück Geld auf die Hand! — Das ist etwas anders, als wenn man — besonders in meiner Stellung — auf die Gnade eines solchen Glückspilzes angewiesen ist!

Feldgruber (zu Sturmfeld). Sie reden heut so? und gestern waren's mit ihm noch Ein Herz und Ein Sinn!

Sturmfeld. Hm! gestern wußt'
ich noch nicht —

Feldgruber. Wie der Wind
weht! — Recht Schad' um Ihnen,
Sie hätten Talent zu ein' recht hohen
Posten — als Wetterfahnl.

Sturmfeld (verletzt). Vetter —!

Feldgruber (begütigend). Na —
ich will Ihnen nit beleidigen — Sie
sein mein Gast —

Glattmann (mit Salbung). Ja —
Ruhe und Frieden — besonders unter Verwandten —

Feldgruber. Deswegen sollen
wir ein' Prozeß führen gegen den
Erben, der doch auch unser Ver-
wandter ist? — 's ist ein Unsinn!

Glattmann. Dies soll geschehen
zu einem erhabenen gottgefälligem
Zwecke, zum Schutze jener Vereine,
welche ankämpfen gegen die Laster —

Feldgruber. Und neue ein-
führen —

Glattmann. Was?!

Feldgruber. Ja, die Heuchlerei
— die Duckmauserei — die Schein-
heiligkeit! — Ich will Ihnen nicht
beleidigen, Herr von Glattmann,
Sie sein mein Gast — aber sagen
muß ich's, was ich von all' den gleiß-
nerischen Vereinen denk'.

Glattmann. Was — was denn?

Feldgruber. Sie kommen mir
vor, wie ein Hautausschlag, den die
fieberhaften Zuständ' uns'rer Zeit am
Körper der G'sellschaft herausgetrie-
ben haben, erst, wenn der noch weg-
kurirt ist, wird sie ganz g'sund! —
Das ist aber nicht möglich, so lang
man dem Krankheitsstoff' noch immer
neue Nahrung zuführt! — Je reicher solche Vereine werden, desto
mehr Anhang finden's freilich, setzen
Sie's auf schmale Kost, dann fallen
die Rauden von selber ab! — Und
deswegen hat's mich g'freut, daß der

alte Eulenbruck vor sein' Tod noch
ein' lichten Augenblick g'habt hat!

Glattmann. Lichten Augen-
blick? — Wir haben aber (eine Schrift
hervorziehend) ein Zeugniß des Arztes,
welcher ihn behandelte, das seine Zu-
rechnungsfähigkeit während der letzten Tage in Zweifel stellt. —

Feldgruber. Wie viel hat denn
das Zeugniß g'kost'?

Brigitte (welche bisher schriftliche
Notizen gemacht hat, zu Glattmann). Geben's mir das Zeugniß, damit ich's
auch registrir'. —

Glattmann. Nun da — (Gibt ihr
das Zeugniß.) Lege Alles hübsch zusammen — oh ich habe noch andere
Schriften — (Zieht eine Menge Schriften
und Briefe aus der Tasche.)

Brigitte (langt rasch darnach). Nur
her damit — mit allen!

Glattmann. Warte — warte!
Ich muß erst sortiren — es sind auch
Briefe darunter —

Brigitte (sich gereizt stellend, leise).
Die ich nicht in die Händ' bekommen
darf? (Steht auf und verläßt den Tisch.)

Glattmann (ebenfalls aufstehend,
und zu ihr tretend, leise). Aber was hast
Du, liebes Kind?

Brigitte (leise). Oh, ich bin kein
Kind! — Ich kann mir schon denken,
was das für Brief sein, die's vor mir
verstecken wollen! Sie falscher Sieb'n-
zehner! —

Glattmann (geschmeichelt, für sich).
Sie ist eifersüchtig! — Ah, das ist
lieb! — (Leise zu Brigitten.) Du sollst
Dich überzeugen, daß Du mir Unrecht gethan — hier hast Du alle —
(gibt ihr sämmtliche Schriften) aber —
Amtsgeheimniß!

Brigitte (leise). Das brauchen
Sie mir nicht anzuempfehlen — ich
bin ein Frauenzimmer! (Geht wieder an
ihren Sitz zurück, für sich.) Die Schriften
kommen in's Archiv — als ein „schä-

3

ßenswerthes Material!" — (legt alle
Schriften in eine Enveloppe).

Schneidig (ist während dieses Zwi-
schenfalles mit einer Schrift zu Vollhuber,
Nichtiger und Sturmfeld getreten, welche
sämmtlich unterzeichnet haben, nun kömmt
er zu Feldgruber). Die übrigen Verwandten haben bereits diese Eingabe
unterzeichnet —

Feldgruber. Nachher kommt's
auf mich nicht an —

Glattmann (zu Feldgruber). Gerade Ihr Name ist uns von Wichtigkeit — Sie sind als Ehrenmann bekannt —

Feldgruber (vom Sitze aufspringend). Und deswegen soll ich's jetzt
schriftlich geben, daß ich's nicht bin?

Alle (ebenfalls aufspringend). Was
war das?

Feldgruber. Ja, ich sag's offen,
wer den letzten Willen von einem
Verstorbenen nicht in allen Fällen
heilig haltet, und wegen ein paar
lumpigen Gulden daran herum mer-
gelt, der ist kein Ehrenmann — —
(sich verbessernd) Doch ich will Niemand
beleidigen, Sie sein meine Gäst —

Glattmann (im höchsten Zorne auf-
wallend). Ihr könnt uns auch nicht
beleidigen — Ihr seid ein dummer,
roher Bauernklotz, und darum bleiben wir auch nicht Eure Gäste —
(drohend die Hand gegen ihn erhebend)
freßt selbst aus, was ihr Euch heute
eingebrockt habt, wenn wir die Sie-
ger bleiben! (Zu allen Uebrigen.) Kommen Sie, meine Herren! Wir suchen
uns einen höflicheren Wirth! (Drückt
den Hut an die Stirn, und eilt nach
links ab.)

Sturmfeld (ebenfalls empört zu
Feldgruber). Euer Glück, daß ich in
Civil bin — mein Säbel hätte wieder einmal Blut kosten sollen! (Ab
nach links.)

Schneidig (verächtlich auf Feldgruber blickend). Misera plebs! — (Ab
nach links.)

Vollhuber ⎱
Nichtinger ⎰ (folgen ihm.)

Feldgruber (etwas verdutzt stehen
bleibend). Mir scheint, ich hab's doch
beleidigt!

Brigitte (eilt auf Feldgruber zu).
Alter! kommt's her — jetzt nutzt's
nichts — ich muß Euch a herzhaft's
Bussel hinauf pappen — (Küßt ihn.)

Feldgruber (verwundert). Ja, was
thun's denn?

Kleister (zu Feldgruber). Macht's
Euch nichts d'raus — das Bussel-
Aufpappen ist das einzige, was mei'
Tochter von der ganzen Buchbinderei
g'lernt hat!

Feldgruber (zu Brigitten). Also
Ihnen hab' ich nicht weh than?

Brigitte. Nein! nein! Ihr habt's
mir aus der Seel' herausg'redt!

Kleister (zu Feldgruber). Na, mich
habt's wohl a bißl hinauftreten —
aber ich richt' Euch nicht nach Euern
Worten, sondern (auf die Weinflasche
weisend) nach Euern Werken! Wenn
Ihr mich verwund't habt's — so war
gleich der Balsam in der Näh'! —
Also (ihm die Hand bietend) keine Feindschaft — ich bin ein guter Christ —
wenn mir einer eine Flaschen gibt, so
verlang' ich noch eine zweite! — Ich
bin nicht so rachgierig, wie die andern
— ich bleib heut' Euer Gast!

Feldgruber. Na — mir recht! —
Kommen's nur bald hinein — Wann
ich so ordentlich disputirt hab, kommt
mir immer erst der rechte Appetit! —
Mich haben's einfädeln wollen —
mich! ha ha ha! aber da sein's auf
ein' Knopf kommen! — (Ab in's Haus.)

7. Scene.

Brigitte. — Kleister.

Brigitte. Sie bleiben also noch
heraußen? — (Mit innerer Unruhe.)

Mich buld'ts nicht länger! — Ich muß in b'Stadt z'ruck — zu ihm! — Ich muß ihn ein' Blick thun lassen, (indem Sie die Schriften zusammenpackt) in das Arsenal seiner Feinde!

Kleister. Na, du bist ja gar eifrig! — Freilich — bist ja ein neuer Beamter! — und die neuen Besen kehren alle gut!

Brigitte. Müssen doch nicht immer gar so gut kehren, sonst findet man nicht trotz allen Neuen noch immer so viel alten Staub und Spinngeweb' in manchen Kanzleien! — Aber ich hab' jetzt keine Zeit zum Plaudern! Ich muß schau'n, daß ich den Train nit versäum' —

Kleister. Aha — Euer Tugend-Verein hat ja heut' auch noch eine Versammlung im Glattmann'schen Haus — na, streng' dich nur nicht z'stark an!

Brigitte. Oh — ich hab früher noch ganz wo anders hinz'gehn — in ein Hotel — zu ein' jungen Mann — auf sein Zimmer —

Kleister (die Händ' zusammenschlagend). Brigitterl! — Um Gottes-willen! —

Brigitte. Ja — so schreie'n die alten Jungfern in unserem Tugend-Verein auch! — Aber ich weiß, daß ich dadurch ein' Menschen vor Raub und Diebstahl bewahr' — baß ich Schlechtigkeiten hintertreib', und wenn man das Bewußtsein hat, darf man sich vor dem Schein nicht fürchten! Es spricht gegen so manche der Schein, die doch in Wahrheit heiliger sein, als alle die Scheinheiligen die, beim rechten Licht betracht', auch just kein' Heiligenschein verdienten! (Eilt nach links ab.)

8. Scene.

Kleister (allein).

's ist ein eigenes Maderl — mei Tochter! sie kümmert sich nicht um das, was die Leut' reb'n! — Aber sein denn g'wisse Leut' auch Leut'? — Nein! wann man's oft so g'schwollen reden hört, glaubet man, der Aesop wär wieder auferstanden, und und lasset die Vierfüßler reden; — und umkehrt, wann man die Thiersprach' verstund', so schwöret man wieder d'rauf, daß das Menschen sein müßten! — Ich versteh' etwas von der Thiersprach' — hab immer eine natürliche Anlag' dazu g'habt, — und wann ich erzählet, was ich da oft für Discurs belauscht hab', ich wett' ich kommet in Verdacht, als wollt' ich b'Leut' ausrichten, oder auf den oder den sticheln! Aber wirklich! meiner Seel'! — das ist nicht der Fall — ich will immer ehrlich sagen, wer so oder so g'redt hat.

Couplet.

„Sag', Bruder, ist das auch a Leb'n?
A Futter — das thun's uns wol geb'n,
Doch das ist a z'widere Sach',
Sie reden nicht unsere Sprach' —"
„„Ach wär' ich in Rußland nur bald,
Es ist dort zwar ungrimmig kalt,
Ab'r wenn wir's nur könnten erreich'n,
Wir finden dort doch unsers Gleichen!
Jetzt glauben's, ich stichel? — wie's
Unrecht mir thun!
So reb'n a paar Tatzbären draußt
in Schönbrunn!

„Was reben die Leut' von der Sonn'?
Wir wollen nichts sehen davon!
Den Garten ganz neu kultivir'n
Da heißt es halt unten minir'n,
Und was h'nauf zum Licht sich will
kehr'n
Nur g'schwind in der Wurzel zer-
stör'n —
Schwarz hat uns das Schicksal
gemacht,
D'rum halten wi'rs nur mit der
Nacht!"

Sie glauben, so reden die — —?
 wie man sich irrt!
So hab'n a paar Maulwürf' mit
 'nander bißc'rirt!

„'s Theater — o hätt' ich's nie g'seh'n —'
Verpest' sein die Lüft', die dort weh'n!
Die Reden sind alle so hohl —
Mir wird dabei wirklich nicht wohl,
Nur Fleischmassen sind'n ihr'n Lohn —
Und unsereins hat nichts davon!
Das Bessere in uns erschlafft
Der Stärkste verliert seine Kraft —"
So seufzet — Sie glaub'n vielleicht
 ein Rezensent?
 (den Kopf schüttelnd)
'n Casanova sei Löb' hat so g'rebt vor
 sein End!

„Ich bin gar so gut, werd' nie wild,
Sing' nach, was das Werkel vorspielt,
Wie's Fuchslied noch war in der Mod'
Hab' i's auch g'sungen — o du mein
 Gott!
Dann wieder: „Nur langsam voran!"
Mei Stimm' hat's für das Lied auch
 than!
Jetzt fingen's: „frei's Leb'n führen wir."
Ich auch! — weil ich's Brot sonst
 verlier'"
Jetzt glauben's ich mein' — —? Doch
 schon wieder vergriff'n!
A Gimpel hat so in sein' Draht=
 häusel pfiff'n!

„Seit ich nicht mehr bin in dem Haus,
Die Wirthschaft! das ist schon ein
 Graus!
Unt'r mir hab'n sich alle erfrischt
Denn ich hab's doch etwas aufg'mischt!
Jetzt aber — wir werden's schon seh'n!
Zu Grund muß das Ganze bald ge'hn!"
 (Zum Publikum.)
Jetzt glauben's schon wieder ich
 mein' — —
Wer wird denn so boshaft gleich
 sein!

So reb't — Sie woll'ns wiss'n? —
 In Gott'snam'! —
A Fuchs, den's aus'n Hühnerstall
 h'nausgesperret hab'n!

„Sehn's fahren die Dam' vom Bal=
 let —
Tauf'nd Guld'n kost' ihr Kleid — na,
 ich wett!
Und kauft hat sie sich d' Equipage
Ab'r nit etwa von ihrer Gage!
Sie hat stets ein' Aborateur!
Was? Ein' — öfter zwei und noch
 mehr!"
Der Dam' kommt das G'red auch
 zu Ohr'n
Da kommt sie in g'waltigen Zorn —
Sie glaubt, ein Verschmähter führt
 so eine Sprach' —
Und 's erzählen sich das schon die
 Spatzen am Dach!

9. Scene.

Gemeinschaftlicher Salon im Glattmanns
Hause mit einer Mittel- und zwei Seiten-
thüren. Im Vordergrunde rechts und links
Tische und Fauteuils.

Eudoxia — Glattmann.

Eudoxia (in einfachem Hauskleide,
ein Häubchen auf dem Kopfe, und eine
Schürze mit Brustlatz vorgebunden, tritt
aus der Seidenthür rechts). Mein Kopf
ist heute so wüst — so eingenommen!
— Ist's das ungewohnte Geräusch
der bunten Menge gestern Abends
— oder der Eindruck, welchen der
Eine — —? Mich wählte er —
gerade mich?! (Ist zu dem Tische getreten,
setzt sich in einen Fauteuil, und stützt das
Haupt sinnend in die aufgestemmte Hand.)
Glattmann (tritt noch immer aufgeregt durch die Mittelthür ein). Ah —
du hier, Eudoxia! (Da diese ihn nicht zu
hören scheint, lauter.) Eudoxia!
Eudoxia (wie aus einem Traume
aufwachend). Wer ist?

Glattmann. Nun — fährst du doch erschreckt auf, als ob du geschlafen hättest!

Eudoxia. Geschlafen? — Nein! Geträumt? Es ist mir fast so! — (Seufzend.) Ach — Träume, Vater! — Träume so wundervoller Art! — (Schüttelt das Haupt und läßt es dann mit einem tiefen Seufzer auf die Brust sinken.)

Glattmann (sieht sie erwundert an). Ja, was ist Dir denn? — Ich kenne Dich fast nicht mehr!

Eudoxia. Kenn' ich mich denn selbst noch? — (Sinkt ihm plötzlich schluchzend an die Brust.) Ach Vater! — Vater!

Glattmann (immer mehr erstaunt). Du weinst? Ja um's Himmelswillen! was ist denn geschehen?

Eudoxia (sich rasch mit der Hand über die Augen fahrend). Hast du — (verschämt, zurückhaltend) ihn nicht gesehen?

Glattmann. Ihn? — wen?

Eudoxia. Oh, daß ich Dir's erst sagen muß! — Ihn — Herrn — Hellblick!

Glattmann (entrüstet). Hol' ihn der Teufel! (Wieder fromm.) Verzeih' mir Gott die Sünde! — Aber ich wollt', ich hätt' ihn nie zu Gesicht bekommen!

Eudoxia. Ach!

Glattmann. Wenn während seiner Herreise irgend ein Eisenbahnunfall den Waggon, in dem er saß, zermalmt hätte!

Eudoxia (gegen ihren Fauteuil zurückwankend) Ah — Ah! halte ein! — Der Gedanke — zermalmt mich selbst!

Glattmann. Oder wenn ein Himmelherrgottsdonnerwetter —!

Eudoxia. Halt ein! — halt ein! — (Sinkt in den Fauteuils, und birgt das Gesicht in beide Hände.)

Glattmann. Sei nicht so empfindlich! Wenn ich zu Hause nicht fluchen

kann, wo sonst? — Außerhalb verbietet's mir meine Stellung! — Aber recht hast Du! Alle Verwünschungen helfen nichts! Gehandelt muß werden! — Sind die weiblichen Mitglieder des Tugend=Vereines einberufen?

Eudoxia (mit schwacher Stimme). Ja — hier (auf die Seitenthür rechts weisend) im Nebensaale versammeln sie sich soeben!

Glattmann. Gut! Du wirst ihnen also die Petition vorlegen, welche bestimmt ist, den Schutz des Gerichtes gegen die Ansprüche dieses hergelaufenen Burschen anzurufen! Mit eindringlicher Rede fordere sie alle zur Unterzeichnung auf!

Eudoxia (sich wieder erhebend). Ich — ich werd' es kaum vermögen!

Glattmann (ohne auf sie zu achten). Dasselbe werde ich bei den Mitgliedern meiner Vereine durchsetzen! (Gegen die Seitenthür links horchend.) Ah — Sie sind wol schon hier? — (Zu Eudoxia.) Also geh' — geh' an Deine Pflicht! — (Da Eudoxia zögert.) Nun wird's?

Eudoxia (im Abgehen für sich). Gegen ihn?! Doch — (sich zusammennehmend) Es muß sein! (Ab nach rechts.)

Glattmann. Und nun auf meine Tribune! sie soll heute zum Berge Sinai — und meine Worte zum Donner werden, aus dem der erzürnte Gott spricht! (Ab in die Seitenthür links.)

10. Scene.

Brigitte. — Der Fremde.

Der Fremde (die Papiere, welche Brigitte früher gesammelt hat, in der Hand tragend, tritt zuerst haftig durch die Mitte ein).

Brigitte (folgt ihm). Aber hörn's! ich weiß gar nicht, wie Sie mir vorkommen! Ich hab nichts Eiligeres zu thun, als, gleich wie wir in b'Stadt z'ruckkommen sein, stante pede zu Ihnen z'laufen — Ihnen all' die Schriften, die der Herr Glattmann gegen Ihnen verwenden will, zu zeigen — Sie lesen's — lachen laut auf — nehmen Ihren Hut, und sagen zu mir: »Komm' mit mir!« — Ich folg' Ihnen — Sie nehmen ein' Wagen — ich steig' mit Ihnen ein — Sie sitzen mit unterschlagenen Armen neben mir im Wagen — starren vor sich hin — reden und deuten nichts — hören's! das ist mir noch nicht vorkommen!

Fremder (welcher indessen rasch auf und nieder gegangen, nun wieder bei Brigitten stehend bleibend). Es wird noch etwas geschehen, was dich noch mehr in Erstaunen setzen wird!

Brigitte (fast erschreckt). Aber was denn? — was denn? Sie sehen ja aus —

Fremder. Als ob ich etwas Entsetzliches vor hätte? — Ha! 's ist auch so! — Sieh, Brigittchen! diese Papiere sind gleichsam ein ganzes Netz von Pulverminen. — Mein eigener Rechtsfreund hat sich, wie ich daraus entnehme, erkaufen lassen, zu meinem Nachtheil zu wirken, ich stehe hilflos da, auf dem unterwühlten Boden — aber — gib Acht! — jetzt — in dieser Viertelstunde werf' ich selbst die brennende Lunte hinein!

Brigitte (ängstlich zur Seite springend). Sie — sein's so gut!

Fremder. Sei ruhig! Nur meine Feinde sollen in die Luft fliegen, uns soll, wie in einer Zauberkomödie, der Genius der Liebe zum Tempel des Glückes führen! Melde mich dem Fräulein!

Brigitte (erstaunt). Der Fräul'n Eudoxia?

Fremder. Ahnst du das Entsetzliche? (Ihre Hand fassend.) O, steh' mir bei, es zu ertragen!

Brigitte. Ja, was soll denn ich?

Fremder. Höre! — wenn sie — Eudoxia — meinen Besuch annimt, dann bleibe du zugegen — was ich zu ihr spreche — beziehe auf dich, jeden Antrag, den ich ihr mache, betrachte als dir gestellt — antworte aber nicht mit Worten — nur mit Blicken! — diese sollen die Leichtkugeln sein, welche (hochtragisch) den dunkeln Weg, den ich jetzt zu machen im Begriffe bin, magisch erhellen! (Läßt ihre Hand los, und drängt sie sanft von sich.) Nun geh' — und melde mich!

Brigitte (ihn betrachtend, für sich). Mir scheint, dem ist richtig die ganze G'schicht in' Kopf g'stiegen, und 's fangt jetzt bei ihm z'rappeln an! Na — zum Glück bleib' ich da, wann's ja zum Ausbruch kommet! (Ab nach rechts.)

Fremder (allein). Daß der Schritt, welchen ich jetzt vorhabe, gelingen werde, zweifle ich nicht; — schwieriger dürfte es sein, seinen Folgen zu entgehen! Leicht ist's, den Kopf in eines Löwen Rachen zu steken — doch ihn heil wieder herauszuziehen — das ist das Schwere! (Sich ermuthigend.) Pah! langes Denken bei einem Wagniß, schwächt nur den Muth! — Tollkühn d'rauf und d'ran! Audaces fortuna juvat! — (Setzt sich in Positur.)

11. Scene.

Fremder. — Eudoxia. — Brigitte.

Eudoxia (indem sie hastig aus der Seitenthüre links tritt, zu der ihr folgenden Brigitte, leise). Er hier?! — (Erblickt den Fremden, und bleibt, die Verlegene spielend stehen, laut.) Herr von Hellblick! Entschuldigen Sie — Ihr Besuch — er trifft mich so unvorbereitet —

Fremder (galant.) Wenn ich ungelegen komme, mag meine Besorgtheit für Ihr Wohlbefinden mich entschuldigen. — Sie klagten während des gestrigen Festes über Kopfschmerz — Schwindel — o, beruhigen Sie mich Fräulein! nicht wahr? — Sie sind heute wieder wohl — ganz wohl? (Ist zu ihr getreten, und hat theilnahmsvoll ihre Hand ergriffen, die er nun an seine Lippen führt.)

Eudoxia (ihm schüchtern ihre Hand entziehend). Ihre Theilname — sie rührt mich in der That — aber — (weist auf einen Fauteuil) nehmen Sie doch Platz! (Setzt sich auf den Divan, zu Brigitten — züchtig.) Brigitte! bleibe hier!

Brigitte (für sich). Nu ja! die braucht auch noch eine Garde-Dame!

Fremder (hat sich ebenfalls gesetzt, und spielt, sich verlegen stellend, mit seinem Hute).

Eudoxia (gleichfalls die Verlegene spielend, zupft an ihrer Schürze, nur manchmal zum Fremden aufblickend. Kurze Pause.)

Brigitte (für sich). Was thut denn er so verlegen? Sie — hm! sie ist wirklich — verlegen — aber schon magazinverlegen!

Eudoxia (zum Fremden). Sie sind so schweigsam —

Fremder. Ach, mein Fräulein! die Sprache steht immer im Gegensatze zu dem Gefühl', wo dieses reich ist — ist jene arm! (Nach einer neuen Pause.) Sie antworten nicht?

Eudoxia (leise, verschämt). Ein Beweis, daß Sie — wahr gesprochen! (Seufzt.)

Fremder (mit seinem Stuhle rasch näher rückend). O Fräulein! führt mich nicht Eitelkeit irre, wenn ich diese Worte zu meinen Gunsten deute? — Oh! wenn ich es wagen dürfte zu denken, daß — bei unserem ersten Begegnen Sie in Ihrem Innersten eine ähnliche Regung, wie ich, empfunden hätten —

Brigitte (für sich eifersüchtig). Was ist das? Regung?! — (Sich besinnend.) Ja so! — das geht mich an! — (Nickt dem Fremden bejahend zu, dabei die Hand an's Herz pressend).

Eudoxia (fortwährend die Augen zu Boden schlagend). Und was empfanden Sie?

Fremder. Ihr Anblick überraschte mich — und doch war's — als wären Sie ein mir verwandtes Wesen, das ich schon gesehen — vielleicht in einem glückverheißenden Traume —

Brigitte (für sich). Oder in der Ambraser-Sammlung!

Eudoxia (wie oben). Nun — der Traum hätte sich erfüllt — ob Sie es aber für ein Glück betrachten? —

Fremder. Ja — wenn er sich ganz erfüllte —

Eudoxia. Wie meinen Sie?

Fremder (feuriger werdend, ihre Hand fassend, aber dabei auf Brigitten blickend). Denn im Traume — ruhten Sie an meiner Brust — in meinen Armen —

Brigitte (winkt ihm fast unwillig zu — für sich). Was der sich für Träum' erlaubet! —

Eudoxia (steht, wie plötzlich von einem Schwindel erfaßt, auf — legt eine Hand an ihr Herz, fährt sich mit der andern über die Stirne — dann zu Brigitte gewendet). Brigitte! — Mir scheint — der Vater hat nach Dir gerufen — sieh' doch! —

Brigitte (für sich). Aha — die möcht' sich den Traum deuten lassen! (Laut mit einem Knixe etwas höhnisch.) Nein, gnädiges Fräulein, ich hab' nichts g'hört, und ich — geb' doch auf den Ruf Acht!

Eudoxia (leise zum Fremden, welcher ebenfalls aufgestanden ist). Unausstehliche Person! — Paßt gar nicht zu einem Stubenmädchen!

Fremder (leise zu Eudoxia). Ja — sie weiß nicht einmal, wann sie fortzugehen hat! — (Brigitten leise zurufend.) Bleib' nur da — um Gottes= willen!

Eudoxia (leise zum Fremden). Ich hätte Ihnen so viel zu sagen — ach, so viel! (Drückt ihm verstohlen die Hand — dann wieder laut zu Brigitten.) Aber jetzt hat Jemand an der Glocke gezogen! — geh' öffne!

Brigitte (wie oben). Sie irren Ihnen, gnädiges Fräul'n, mir hat's nur im Ohr g'läut'!

Eudoxia (beinahe zornig zu Brigitten). Aber wenn ich nun will! — Du sollst gehn!

Brigitte. Nu ja — ja! — (Geht gegen die Mittelthür.)

Fremder (für sich). Sie geht! Himmel steh' mir bei!

Brigitte (für sich). Auf der Wach' bleib' ich! (Geht zur Mittelthür ab, blickt aber fortwährend durch diese, die sie zum Theil offen hält, herein.)

Eudoxia. Wir sind allein! — jetzt lieber Hellblick! sprechen Sie ungescheut —

Fremder (etwas zurücktretend). O Fräulein! Was ich Ihnen zu sagen habe, hat keinen Zeugen zu scheuen — die Welt soll es erfahren — mein Entschluß steht fest seit gestern — ich frage Sie ernst und feierlich — (blickt wieder nach Brigitten zurück) wollen Sie mich — mit Ihrer Hand beglücken?

Brigitte (eilt sogleich wieder herein, bleibt aber im Hintergrunde, für sich). Die Frag' gilt mir! (Leise, aber als ob sie schreie.) Ja — ja ja! —

Eudoxia (ist über des Fremden Antrag mit einem Aufschrei des Entzückens zurückgetreten). Ah — meine — meine Hand?! Hellblick! meine Hand — mein Herz — mein Alles! (Sinkt an seine Brust und will ihn küssen.)

Fremder (für sich). Samiel hilf!

Brigitte (ist in dem Moment rasch vorwärts geeilt, und steckt ihren Kopf zwischen die Köpfe der Beiden, laut) 's ist Niemand d'raußt!

Fremder (küßt rasch Brigitten, leise dieser). Du verdienst eine Rettungs= Medaille!

Eudoxia (entrüstet zu Brigitten). Dummes Ding! — Doch — (wieder süß lächelnd, zum Fremden) nach Ihrer Erklärung mag sie's sehen, wie ich meinem zukünftigen Gatten den Brautkuß — (Geht wieder mit ausgebreiteten Armen auf ihn zu.)

Fremder (verzweifelnd für sich). Sie läßt nicht nach! — Nun in's Himmelsnamen — (Breitet ebenfalls die Arme aus.)

12. Scene.

Vorige — Glattmann.

Glattmann (tritt aus der Seitenthüre rechts, die Gruppe erblickend, und erstarrt stehen bleibend). Eudoxia! —

Eudoxia. Mein Vater!

Fremder (wendet sich gegen Glattmann). Herr von Glattmann —!

Glattmann (aufs Neue erstaunt). Herr von Hellblick — Sie — Sie — hier — bei mir?

Fremder (ergreift Eudoxia's Hand, und zieht sie neben sich auf die Kniee nieder). Um Sie um Ihren Segen zu bitten!

Glattmann. Was soll das? — Wollt Ihr mich zum Besten haben? — Treibt keine Narrenpossen! (strenge) Stehen Sie auf, Herr von Hellblick — (zu Eudoxia) und auch Du!

Fremder (steht auf). Ich gehorche!

Eudoxia (steht ebenfalls auf, eilt aber sogleich zu Glattmann; ihm an die Brust sinkend). Vater, nicht diesen Ton der Strenge! Willst Du dein Kind tödten?

Fremder (indeß leise zu Brigitten). Berede auch Du ihn, seine Einwilli-

gung zu geben. — Alles hängt da=
von ab!

Brigitte (leise zum Fremden). Ich
begreif' zwar nichts, aber dabei kann
keine G'fahr sein! — Lassen's mich
nur machen! (Tritt auf Glattmann's
andere Seite.)

Eudoxia (zu Glattmann). Vater!
ich liebe ihn!

Glattmann. Das will ich glauben!

Fremder. Und ich liebe sie mit
der ganzen Glut meiner Seele!

Glattmann (nicht fassend). Ja,
wie geschieht mir denn? — Sie —
Sie — meine Tochter?!

Brigitte (leise zu Glattmann). Hm!
die Geschmäcke sein verschieden! —
Lassen's den Käufer nicht aus dem
Laden — 's kommt so bald kein an=
derer!

Glattmann (zum Fremden). Mein
Herr, Sie halten mich wohl für sehr
reich?

Fremder. Ihre Tochter ja —
an Schätzen des Geistes und Herzens
— nach einem andern Reichthum
frag' ich nicht!

Eudoxia. O welch' erhabene
Liebe!

Fremder. Uebrigens hoffe ich ja
selbst —

Glattmann. Sie hoffen? Und,
wenn ich Ihnen nun sage, daß Ihre
Chancen sehr schlimm stehen — daß
Sie von der Erbschaft keinen Heller
bekommen werden. —

Fremder. Und wenn's so kömmt
— (Eudoxien zärtlich anblickend) wird
Eudoxia mich deshalb verschmähen?

Eudoxia (sich zärtlich an den Frem=
den schmiegend). Nein — nein! Dir
folg' ich in die ärmste Hütte —
mit Dir ertrag' ich Noth und Elend
freudig!

Brigitte (vor Rührung schluchzend).
O Gott! o Gott! so eine Lieb' — es
treibt mir völlig 's Wasser in b'Augen!

(Zu Glattmann.) können's denn das nur
so anschauen?

Glattmann (für sich). Es scheint
in der That auch seinerseits eine ern=
ste Neigung vorzuwalten. —

Brigitte (leise zu Glattmann). So
geben's nach! Mir z'lieb!

Glattmann (auf Brigitten blickend).
Dir zu liebe?

Brigitte (leise). Na ja, so lang'
eine erwachsene Tochter im Haus ist
— Sie können sich wohl denken — —

Glattmann (leise ihr zärtlich die
Hand drückend). Ich verstehe! o Brigitt=
chen! — wenn wir zwei allein —!
(Nachdenkend.) Hm! Hm! — aber wenn
er ein armer Schlucker bleibt —
dann müßte ich doch ihr eine bedeu=
tende Aussteuer. —

Fremder. Sie zögern noch immer
mit der Entscheidung? — Herr von
Glattmann! hassen sie mich denn so
sehr? — Oh! dieser unselige Erb=
schaftsstreit! (Fast verzweifelt.) Ich will
nichts mehr von ihm wissen! — Ja,
ich gebe selbst meine Ansprüche auf,
mögen die Vereine sich in die Schätze
theilen — mir (Eudoxien umfassend)
bleibt dieser Schatz.

Glattmann (für sich). Die Ver=
eine? — was fällt da auf mich? —
und wenn ich —?! (entschlossen) ja!
nun muß ein and'rer Weg eingeschla=
gen werden! (Gegen den Fremden tretend,
und ihm die Hand bietend.) Herr von
Hellblick, Sie sind ein wackerer jun=
ger Mann! Aber — nehmen Sie
mir's nicht übel — leichtsinnig —
ungeheuer leichtsinnig! Eine halbe
Million nur so zum Fenster hinaus=
zuwerfen!

Fremder. Aber wenn ich Ihre
Zustimmung nicht anders erhalten
kann?

Glattmann (wieder den Strengen
spielend). Und wenn ich nun sage: Sie
sollen meine Tochter nur unter der

Bedingung haben, daß Sie, und zwar heute noch im Besitze der ganzen ungeschmälerten Erbschaft sind!

Fremder (sich bestürzt stellend). Mein Gott! wie kann ich —?! (Für sich, frohlockend.) Bist Du in der Falle, alter Fuchs?

Brigitte (für sich). Jetzt wird mir die ganze G'schicht transparent!

Glattmann (den Fremden lächelnd betrachtend). Ja — da steht er nun rathlos da — wüßte sich nicht zu helfen, wenn nicht ich — ich selbst ihm die Hand böte!

Eudoxia (freudig). Vater! — Du — Du willst —?

Glattmann. Nun ja — ich kann ja mein einziges Kind nicht so hinwelken sehen!

Brigitte (für sich). An den Anblick sollt' er doch schon g'wöhnt sein!

Glattmann (zu Eudoxia). Also geh' immerhin mein Kind! laß' mich mit dem Manne Deiner Wahl das Geschäftliche ernst berathen. — Du — Du schmücke Dich indeß — zum Verlobungsfeste!

Eudoxia (im höchsten Entzücken). Zum Verlob —! Ach! welche Himmel läßt dies Wort ahnen? — Ich eile — ich fliege — um bald — recht bald (zum Fremden) wieder an Deiner Seite zu sein! (Eilt nach rechts ab.)

Fremder (ihr nachsehend, für sich). Beeilen Sie sich nicht! (Rasch zu Glattmann). Also Sie wollen mir Ihren weisen Rath —?

Glattmann. Wenn ich weiß, daß ich mich keines Undankbaren annehme —

Fremder (rasch). Nein! gewiß nicht! — Ich schwöre Ihnen feierlich, an dem Tage, an welchem Ihre Tochter mir angetraut wird, Ihnen eine Summe von baaren Hunderttausend Gulden einzuhändigen!

Glattmann (freudigst). Hun —

Hund — Hunderttausend?! — Wollen Sie mir dies schriftlich geben?

Fremder. Mit Freuden!

Glattmann (ihn hastig an der Hand fassend und zum Tische rechts führend). Nun denn — so schreiben Sie — gleich hier — ich will indeß auch etwas zu Papier bringen, was Ihnen gleiche Freude bereiten wird! (Sie setzen sich Beide gegenüber an den Tisch, jeder ergreift ein Blatt Papier — und schreibt hastig.)

Brigitte (die Beiden betrachtend, für sich). Der Alte ist ein Spitzbub' — mein Liebhaber — das seh' ich schon — nichts viel anders — jetzt bin ich nur neugierig, welcher von den zweien am meisten papierln wird!

Fremder (wieder aufstehend). Ich bin fertig!

Glattmann (ebenfalls aufstehend). Ich auch!

Fremder (ihm seine Schrift hinhaltend). Genügt Ihnen dies?

Glattmann (die Schrift besehend). Vollkommen! (Steckt sie rasch ein.) Nun hören Sie!

Brigitte (neugierig aufhorchend). Die Ohren aufgeknöpfelt!

Glattmann. Ich habe hier (auf das vor ihm geschriebene Blatt weisend) mit wenigen an das Gericht adressirten Zeilen erklärt, daß ich den Protest gegen die sofortige Ausfolgung der Erbschaft zurückziehe —

Fremder (begierig). O, geben Sie her!

Glattmann. Ich kann dies erst, wenn ich sicher bin, von den Vereinen nicht deshalb zur Verantwortung gezogen zu werden! — Darum müssen die Vereine selbst aufhören zu bestehen — es müßte unter den Mitgliedern eine Revolte angezettelt werden.

Brigitte (rasch). Das wär' ein' Aufgab' für mich! Ha! lassen's mich!

— Ich stell' mich an die Spitze der Bewegung!

Glattmann. Hm! Damit würden wir die weiblichen Mitglieder los — aber die männlichen —

Brigitte. Die nehm' ich erst recht auf mich! — Die laff' ich durch mein' Vater bearbeiten.

Glattmann. Ich vertraue Dir! Wende jedes Dir paffende Mittel an, welches die Vereine zum Zerfalle bringt, dann wollen wir auf ihren Trümmern einen neuen — ganz kleinen Verein — (dem Fremden und Brigitten die Hand drückend) den des häuslichen Glückes gründen! (Ab nach rechts.)

Brigitte. Jetzt nur vor Allem mein' Vater! (Eilt zur Seitenthür links, öffnet sie und winkt hinein.)

13. Scene.

Vorige — Kleister.

Kleister (kommt von links heraus). Du rufst mich ab? — Ist ein wahres Glück, denn wenn man so a halbe Stund' lang die Vorträg' in so ein' Verein (auf die Thür links weisend) anhört, wird ein' ordentlich flau im Magen!

Brigitte. Sie sollen die Unterhaltung nicht mehr auszusteh'n haben! —Vater! Sie sind zu etwas Großem berufen — Sie sollen — den Mäßigkeits-Verein stürzen!

Kleister. Was? ich — Mäßigkeits-Verein? Nieder mit ihm! — aber —?

Fremder. Ja — sagen Sie den Herren Mitgliedern, daß sie nichts mehr zu hoffen haben, daß sie von ihrem eigenen Vorstande verrathen und verkauft seien —

Kleister. Von Glattmann? — O du niederträchtiger Kerl!

Fremder. Daß aber ich mein Vermögen zur Gründung eines neuen

Vereines — eines Vereines der Aufgeklärten verwenden will, deffen Mitglieder reichere Zuflüffe haben sollen!

Kleister. Wirklich? — Na, wann was dabei herausschaut, sein die da d'rin (gegen links weisend) auch für die Aufklärung — wir sein nit so heiklich!

Fremder. Ich stecke heute schon, und hier die Werbefahne aus! Bei vollen Bechern wollen wir den neuen Bund begründen! Ich eile in's Hôtel — die Batterien hieher zu kommandiren! (Ab durch die Mittelthür).

Kleister (zu Brigitten). Tochter! Dein Geliebter ist mein Mann! — Jetzt an die Aufmischung da d'rin! Ich will ganz Volkstribun — ganz Agitator — ganz Garibaldi sein! (Ab nach links.)

Brigitte (allein). Jetzt kann's losgeh'n!

Schluß-Quodlibet.

Brigitte (allein).

Kommt's nur heraus, Ihr Jungfern von die Röhrbrünn',
Saperdipix!
Es rührt sich noch nichts!
(Schlägt auf den Tisch).
Kommt's nur heraus! Es sein ja noch viel mehr d'rinn!
Jetzt rührt sich was!
Das gibt ein' Spaß!

Chor der Mädchen
(noch innerhalb der Scene rechts).

Gleich sind wir
Draußt bei Dir!
(Treten paarweise von rechts auf).
Wir winden uns den Jungfernkranz
Mit veilchenblauer Seide!
Uns locket nimmer Spiel und Tanz
Und Lust und Liebesfreude.
Schöner grüner Jungfernkranz!
Veilchenblaue Seide!

Brigitte.
Na ja, es ist schon recht!
Hört nur — hört und staunt!

Wißt, die Glattmannische
Tochter, die Damische,
Die so rührende
Worte führende
Will sich des prächtigen
Erben bemächtigen!
Ah ja, dem thut's schmeicheln,
Streicheln — ach ja!
Den will sie trotz allem ihrem Heucheln!

Chor der Mädchen.

Ist das wahr?
Schau! schau!

Brigitte.

Ich hab's g'merkt ganz schlau;
Wenn sie auch jüngferlich
Thut gar so zimpferlich!

Chor der Mädchen.

Und der Herr Papa!

Brigitte.

Ist ein Hecht! ja!
Dem ich dahinter komm',
Thut er auch noch so fromm! — ja!

Chor der Mädchen.

Ist das wahr?
Schaut's nur!
Diese Glattmannische (2c. wie früher).

Brigitte und Chor.

Solche Sachen! — dies Benehmen!
Ha der Drache soll sich schämen
Pfui! pfui! pfui! pfui!
Zum Teufel die Vereine!
Mit ihrem frommen Scheine,
Immer schön sittsam geh'n,
Stets die Augen verdreh'n,
Und das Herz himmelwärts!
's wird zu fad uns der Scherz;
Fort mit dem ganzen G'fraßt!
Wir wollen jetzt auch genießen
Und nicht so dumm mehr sein,
Woll'n junge Herren küßen
Und frei'n!
Fort — was uns verhaßt!
Fort — fort mit dem ganzen G'fraßt!
Fort! fort! was uns verhaßt,
Fort! fort!

Schlicher, Kleister, Zindler der
männliche Chor (treten von links auf).

Schlicher.

Wer hat denn 's Bier umg'schütt'.

Kleister.

Wer war denn gar so g'schickt?

Chor der Männer.

Wer hat denn das than?

Schlicher.

Wer hat denn 's Bier umg'schütt'?

Kleister.

Wer war denn gar so g'schickt?

Chor. Wer hat denn bös than?
I nöt! I nöt!
Kleister. I nöt!
Schlicher. I nöt!

Brigitte und weiblicher Chor.

Der ah nit! (rep.) Der hat's than!
(Man hört die Hausglocke läuten.)

Schlicher.

Die Glocke ruft zum Gebet!
Fangt's gleich Eure Andacht an!

Chor.

Hört's das Glock'gebimmel!
D'rum denkt's jetzt an den Himmel!
Alle Zeit
Frömmigkeit
Gegrüßt sei der Abend!

Fremder (tritt mit Kellnern und
Champagnerkörben durch die Mittelthür ein).
Wißt Ihr Alle, was schon gescheh'n?

Brigitte.

Sie wissen Alles! los kann's geh'n!
Verschwört Euch jetzt — jetzt im Verein!
Als tiefer Baß stimm' ich mit ein!
Auf! Auf! zum Werk der Rache!
Gerecht ist unf're Sache!
D'rum einet Euch, ihr Brüder!
Reißt die Larve ihm vom Angesicht!
Und verschonet ihn nicht!

Chor.

Darum habt Acht! und verschonet
ihn nicht!

Kleister.

Nein! verschonet ihn nicht!

Chor.

Auf die Wacht!

Schlichter.

Nein! verschonet ihn nicht!

Chor.

Passet auf!
Es ist kein' Ordnung jetzt mehr in
    die Stern,
D'Kometen müßten sonst verboten
    wer'n,
So ein Komet reist ohne Unterlaß,
Dort ob'n am Firmament, und hat
    kein' Paß
Und jetzt richt' so ein Vagabund
Uns b'Welt bei Putz und Stingel
    z'Grund!
Aber lassen wir, was ob'n passirt!
Herunt' geht's zu, daß ein' fast übel
    wird'
Wer ihn erblickt,
Schrei' wie verrückt:
Zur Rache! zur Rache! zur Rache!
Rache! die sollst du erfahren
Wenn du beharrst in deinem Wahn!
Rache! Rache! halt' uns nicht zum
    Narren
Du sollst es fühlen, was jeder kann!
Nichts soll dich retten!
Fort sind die Ketten!
Alter Schleicher!
Frecher Heuchler!
Rache! Rache! die sollst du erfahren,
Wenn du beharrst in deinem Wahn!
Rache!

Glattmann. — Eudoxia.

(Treten von rechts auf.)

Glattmann.

Wer läßt hier Aufruhr-Stimmen
Kriegsruf ertönen,
Wollt Ihr die Gottheit zwingen,
Eueren Wahnwitz zu fröhnen?
Wer wagt vermessen
Vor mir, dem Vorstand, zu strafen,
Selbst zu richten,
Wollt Ihr denn meinen Plan
Vorschnell vernichten?

Friede gebiet' ich,
Sonst soll Euch Alle der Teufel hol'n!

Kleister.

Kann sich doch der verstellen,
Und ist doch mit im Bunde,
Den pfiffigen Gesellen
Wir richten ihn zu Grunde.

Brigitte.

Kann sich doch der verstellen ꝛc. w. oben.

Schlicher.

Er thut, als thät es ihn giften,
Und dennoch ist's ihm recht,
Unfrieden anzustiften
Versteht der schlaue Hecht
Er versteht's — dieser Hecht!
Anima mia! o sei mein!

Frember (ist indeß zu Glattmann getreten).

Glattmann (leise zu ihm). Hier
ist die Schrift an das Gericht, den
Protest zurückzuziehen!

Frember (nimmt hastig die Schrift).

Eudoxia. Wir werden Sie doch
wiedersehen?

Frember. Ja, wenn die Todten
auferstehen! (Eilt durch die Mitte ab.)

Eudoxia und Glattmann.

Ha! was ich spann' —
Er will uns jetzt entweichen!
Solch' frechen Buben
Gibt's wahrlich nicht!
Ha der Falsche soll erbleichen!
Rache ihm den Stab nun bricht!
Ja — der Falsche soll erbleichen!
Rache ihm den Stab nun bricht!
Er soll erbleichen! ja Rache!
Ihm den Stab nun bricht!

(Sie wollen dem Fremden folgen.)

Alle

(ihnen den Weg versperrend, und sie zuletzt
mit in den Tanz ziehend.)

Nun flink und rasch voraus
Voran!
Schließt nun zum Tanz Euch alle an
Juhe! lalala — la la ti! ꝛc. ꝛc. ꝛc.

Der Vorhang fällt.

Dritter Akt.

Salon im Schlosse zu Disteldorf mit einer Mittel- und zwei Seitenthüren — links ein Fenster. Die Einrichtung reich, doch altmodisch.

1. Scene.

Feldgruber. — Nina. — Rosa.

Rosa (ist mit dem Ordnen und Abstauben der Möbel beschäftigt).

Nina (befestigt neue Vorhänge am Fenster).

Rosa. Aber sagen's mir nur, Vaterl! was ist Ihnen benn eing'fallen, daß Sie auf einmal da heroben im Herrenhaus, was die ganze Zeit unbewohnt gestanden ist, die Zimmer herrichten lassen?

Feldgruber. Wie du noch fragen kannst? Hat nicht der Herr von Hellblick versprochen, daß er auf's Gut heraus kommt? — Er könnt' Lust kriegen, sich länger aufz'halten —

Rosa (lächelnd). Hm! das glaub' ich schon auch!

Feldgruber. Und in unserer Gast-Stuben haben wir den maroden Maler —

Nina. Ach! wenn er nur schon wieder zurückgekehrt wäre — ich bin in Todesangst!

Rosa. Was benn? Er wird irgend eine interessante Waldpartie gefunden — zum Malen ang'fangen haben —

Nina. Und vergißt darüber derer, die in banger Sorge — ach! (Trocknet sich die Augen, und wendet sich wieder gegen das Fenster.)

Feldgruber (Nina beobachtend, für sich). Die hat's aber schon schön! —

Und da weiß der Maler noch nicht, die welche ihn am meisten gern hat! — 's ist ein Unsinn!

Nina (zum Fenster hinaussehend, überrascht). Ha! dort sprengt ein Reiter die Allee herauf —

Feldgruber. Ein Reiter?
Rosa. Wer benn?
Nina. Es ist —
}
(Zugleich, zum Fenster eilend.)

Rosa. Der Herr von Hellblick! (Winkt freundlich hinab.) Guten Tag! — Guten Tag! (Vom Fenster wegtretend.) Ich hab's ja g'wußt, wenn er mich auch nicht zur Ballkönigin g'wählt hat — (etwas kokett) seine Huldigung wird er mir doch darbringen!

Nina (spöttisch). Dir? — Ich finde, du hast eine starke Einbildungskraft!

Feldgruber. Aber geh'n wir ihm doch entgegen! (Will gegen die Mittelthüre.)

2. Scene.

Vorige. — Der Fremde.

Der Fremde (in einem eleganten Reitkostüme, eilt zur Thüre herein).

Feldgruber. Da ist er schon! (Zum Fremden.) Gnädiger Herr! —

Fremder. Was „gnädiger Herr!?" (Ihm beide Hände schüttelnd.) Mein lieber wack'rer Vetter!

Feldgruber (stutzend). Sie sein gar so herablassend? — Wissen's

vielleicht schon, daß 's mit der Erb=
schaft happert!

Fremder. Happert? ha ha ha! —
da — da — seht! (Zieht Glattmann's
Schrift hervor, und hält sie ihm hin.)

Feldgruber (nachdem er einen Blick
in die Schrift geworfen). Was? der ganze
Prozeß niederg'schlagen?

Fremder. Und ich bereits im Be=
sitze der Erbschaft! ha! — das Wonne=
gefühl — die Welt gehört mir!

Feldgruber (lachend.) Na, na!
lassen's uns nur auch noch ein
Stückl! — Aber ich hätt' nicht ge=
dacht, daß's gar so g'schwind geht —
nach der gestrigen Sitzung — Sie!
da waren a Bißl Köpf' bei einan=
der! — —

Fremder. Und Sie, lieber Feld=
gruber, der Einzige, der sich redlich
meiner Rechte annahm! — ich hab'
Alles erfahren — und mein Dank —

Feldgruber. Was Dank! Unsinn!
— Ich hab' g'redt, wie mir um's
Herz war —

Fremder. D'rum will ich dieses
Herz auch noch durch einen näheren
Verwandtschaftsgrad an mich ziehen!
— Ich bin hier als — Freier!

Feldgruber (erstaunt).
Als Freier?

Nina (aufmerksamer, für
sich.) Als Freier?

Rosa (lachend für sich).
Na, es wird ihm doch nicht
einfallen?!

(Zugleich.)

Fremder. Ja — ich will das
Glück in vollen Zügen genießen! —
die Stadt ist mir zu eng! ich will hin=
aus in die weite Welt — große Rei=
sen machen — nach Paris — London
— Neapel! aber auf dieser Reise will
ich ein liebes Weibchen zur Seite ha=
ben, das meinen Genuß erhöht, in=
dem es mit mir genießt!

Feldgruber. Und wer — wer
soll denn die Glückliche sein?

Fremder. Errathen Sie nicht? —
Eine von Ihren Töchtern!

Nina (überrascht). Eine — von
uns?!

Rosa (fast erschreckt). Soll's doch
so — ?

Feldgruber. Von — von mein'
Töchtern?! Unsinn!

Fremder. Mein heiliger Ernst!
die Verlobung soll noch heute — die
Vermählung morgen mit dem frühe=
sten stattfinden, und dann — fort!

Feldgruber. Mir scheint, Sie
wollen nicht nur per Dampf reisen,
sondern auch per Dampf heiraten.
— Das ist ja ein Unsinn!

Fremder. Oh mit Geld geht Al=
les! Ein voller Wagen mit der Aus=
stattung für meine Braut — ein zwei=
ter mit einem Restaurateur für das
Hochzeitmal folgt mir auf dem Fuße
— ein Dekorateur kommt auch —
vom Pfarrer bekomme ich die Dispens
vom Aufgebote — zu diesem will ich
sogleich — in zehn Minuten bin ich
wieder da — oh! Sie sollen sehen,
welche Wunder ich während der kur=
zen Zeit gewirkt haben werde — aber
mit Geld geht Alles! Adieu, Vetter,
auf baldigstes Wiedersehen, Theuer=
ste! (Wirft Rosa einen Blick zu.) Ich eile
— ich fliege! (Eilt zur Mittelthür ab.)

Rosa (ängstlich). Was schaut er
denn mich so an?

Feldgruber (ganz verblüfft). Er
rennt zum Pfarrer — er b'stellt
d'Hochzeit — und vergißt ganz d'rauf,
z'sagen, mit welcher er Hochzeit
machen will! — 's ist ein Unsinn!

Rosa (zu Feldgruber eilend, und seine
Hand fassend). Vater, wenn er um
mich wirbt —!

Nina (zu Rosa, verletzt). Deine Ei=
telkeit macht Dich fast lächerlich! —
es wäre ja doch auch möglich, daß
seine Wahl auf eine And're gefal=
len wäre!

Rosa. Gott geb's! — Gott geb's! Feldgruber (zu Rosa). Unsinn! Ich wünschet nur, daß er Dich nehmet, denn die — (auf Nina deutend) na! bei der weiß ich ohnehin, wie ich b'ran bin! Aber streiten wir jetzt nicht — g'nug, Eine von Euch macht eine brillante Partie — ich bleib' in meiner g'wohnten Stellung — und im Uebrigen werden wir ja bald sehen, wem der Bauer den Schimmel schenkt. Aber jetzt kommt's! Ihr seid noch in den Hauskleidern — müßt's Euch doch a Bißl z'sammrichten, wenn heut' noch eine Verlobung —

Rosa (schnell). Ich nicht! Ich bleib', wie ich bin!

Nina (spöttisch). Natürlich! wenn man schön ist, ist man ungeputzt am schönsten! Ich finde es für nöthig, etwas für meine äußere Erscheinung zu thun! Kommen Sie, Vater! (Ab mit Feldgruber nach links.)

Rosa (allein). Ich weiß nicht, warum mir auf einmal so bang wird! Wenn er — weil ich auf dem Ball' seine Schmeicheleien lachend hingenommen habe, am End' glaubte — —! (Sich wieder ermuthigend.) Ah was! hab' ich mir lachend die Cour machen lassen, so kann ich ihm ja auch lachend sagen: „Sie sind irr' — gehen Sie um ein Haus weiter!" (Ab nach links.)

3. Scene.

Brigitte — Kleister.

Brigitte (stürzt, die Bänder des Hutes aufgelöst, den Schawl nur lose umgehängt, so, daß sein unteres Ende den Boden fegt, zur Mittelthür herein).

Kleister (folgt ihr keuchend, und sinkt sogleich in einen Stuhl). Ah! ich kann nimmer! Mit einer wahnsinnigen Grettl, die ein' davon g'loffnen Liebhaber nachrennt, nimmt's ein englischer Vollblut-Renner nicht auf!

Brigitte (hastig auf und niedergehend). Ich glaub', wir sein schon am Ziel! — Eine dunkle Ahnung sagt mir's, daß er sich da — daher begeben hat! Oh! mir ist der Blick nicht entgangen, mit dem er damals — auf dem Ball' die Bauerndirn' fast verschlungen hat! — Ich irr' mich nicht — er ist bei ihr! — Aber ich will sie zwingen, ihn herauszugeben — ich hab' ältere Rechte — ich war seine erste Liebe!

Kleister. Das ist ja das Dumme, daß die Mädeln sich immer kaprizieren, die erste Liebe eines Mannes zu sein — sie sollten froh sein, wann's nur seine letzte Lieb' sein!

Brigitte (in Rückerinnerung). Wie er mich so innig umschlungen hat! Ich hab' glaubt, seine Arm' sein glühende Feuerzangen! — g'schworen hätt' ich, daß diese Lieb' noch um ein paar Jahr' über die Ewigkeit dauert, und jetzt — (fast vor Zorn weinend) kann er das thun! — verschwinden! — mir gar kein Aviso geben!

Kleister. Ja, Liebe kann Alles! Also kann sie auch ein Mädel sitzen lassen!

Brigitte. Sitzen lassen? — mich? — da müßt ich erst sitzen können — erst Ruh' haben! — Aber mich leidt's nicht — ich folg' ihm nach bis an's End' der Welt!

Kleister. Und wenn Du ihn auch dort nicht find'st —?

Brigitte. Dann — (hochtragisch, Kleisters Arm fassend) Vater! haben Sie die Geschicht' von der Königin Dido gelesen?

Kleister. In unsern erbaulichen Büchel'n steht nichts von ihr — muß also keine Heilige g'wesen sein! Aber was ist's denn mit der?

Brigitte. Die hat sich in den Aeneas — den schlechten Kerl, der später die römische Herrschaft begrünb't hat — verliebt. Er hat sich einige Zeit von ihr souteriren lassen, und dann ist er über's Meer durchgangen.

Kleister. Und was hat denn die Dido thau?

Brigitte. Sie hat sich selbst auf den Scheiterhaufen g'legt, und ihn angezunden.

Kleister. Da war die Dido dumm!

Brigitte. Oh ich wär' im Stand' das Nämliche zu thun!

Kleister. Auf'n Scheiterhaufen? zu was denn? — Du bist ja eh' schon verbrennt! Nimm Dir lieber an der Ariadne ein Beispiel, die war mit Dir in gleicher Lag'!

Brigitte. War die auch beim Tugend-Verein?

Kleister. Dieses weniger! Aber sie hat dem Theseus —

Brigitte. Den kenn' ich — vom Volksgarten aus — kein übler Mensch —

Kleister. Dem hat die Ariadne, so wie Du dem Hellblick, das Knöllerl geben, mit dem er sich im Labyrinth zurecht g'funden hat; — zum Dank dafür hat er's hernach auf einer Insel sitzen lassen!

Brigitte. Und so ein' Menschen setzt man noch ein Monument! — Aber was hat sie gethan?

Kleister (aufstehend — schlau lächelnd). Sie hat eine Bandlerei mit dem Bachus ang'fangen — verstehst — dem Bachus, dem Weinerfinder! — Also mach's auch so! Schau, daß d'irgend ein' Besitzer einer soliden Weinstuben zum Mann kriegst — dann (zärtlich) sollst Du Deinen alten Vater immer in Deiner Nähe haben!

Brigitte. Oh, ich hab' jetzt gar keinen Durst, als den nach Rache! — (Grausam.) Haben will ich ihn — haben!

Kleister. Todt oder lebendig?

Brigitte. Lebendig! — Deßwegen hab' ich mich ja mit dem Glattmann verbündet! —

Kleister. Und ich hab' den Mitgliedern der aufgelösten Vereine begreiflich machen müssen, daß der saub're Herr Hellblick mit dem Geld durchgangen ist, was eigentlich uns g'hört — sie machen alle Treibjagd auf ihn!

Brigitte. Sie sein nur die Wachtelhund, die das lockere Zeißerl aufscheuchen sollen — fangen werd' ich's dann schon selber!

4. Scene.

Vorige. — Glattmann. — Eudoxia.

Glattmann. ⎱ Arm in Arm durch
Eudoxia. ⎰ die Mittelthür.

Glattmann. Er ist da — er ist da!

Brigitte. Aber wo? — Um Gotteswillen — wo?

Glattmann. Ein Knecht sagte mir, hier herauf sei er — zum alten Feldgruber —

Brigitte. Zum alten? — Nein! zur jungen! O meine Ahnung! — Aber wo? — wo? Ich schlag' Alarm! ich trommel an allen Thüren! (Eilt zur Seitenthür rechts, und pocht heftig.) Da rührt sich nichts! (Läuft zur Seitenthür links, und schlägt mit beiden Fäusten an dieselbe.)

Eudoxia. Das Mädchen zeigt wirklich viel Theilnahme für mich!

Kleister. Theilnahm? (für sich) Sie will kein' Theil — sondern den ganzen nehmen!

Brigitte (fortpochend). Heraus da — oder ich steck' 's Haus in Brand!

5. Scene.

Vorige. — Feldgruber. — Nina — Rosa.

Feldgruber (tritt mit Rosa und der bereits sorgfältiger gepußten Nina aus

4

der Thüre links). Ja, was ist's denn? — Sein b'Preußen wieder da? (Die Anwesenden erblickend). Sie da, Herr von Glattmann? — Und Sie?

Brigitte. Und ich — ich! (faßt Rosa ungestüm an der Hand, und zerrt sie bis in den Vordergrund) Reb, Unglückselige! wo hast Du ihn?

Rosa (verwundert). Wen denn?

Brigitte. O, wie sie dasteht mit der idyllischen Wertherslotte·Unschuldsmiene! — Mich täuschest Du nicht! Ich kenn' solche Spomponaden — ich bin eine vom Tugendvereine!

Rosa (sich losmachend). Ich hab' g'laubt, Sie sein aus dem Narrenhaus!

Brigitte (tragisch). Oh! dahin kann ich noch kommen! (Feldgruber's Hand fassend.) So rede Du, alter Mann, Leugne nichts! wir wissen Alles! — Der Herr von Hellblick ist da!

Feldgruber. Na ja!

Brigitte (seine Hand mit Entrüstung von sich stoßend, und ihn imitirend.) „Na ja!" — Und das sagt er so ruhig! — der alte G'legenheitsmacher.

Feldgruber (aufbrausend). Was war das? — G'legenheitsmacher?!

Glattmann. Ruhig! ruhig! (zu Feldgruber) Sagen Sie, was hat Herr von Hellblick hier zu thun?

Feldgruber. Na — Eine von meine Madeln will er heiraten!

Eudoxia. Ah! (sinkt ohnmächtig in einen Stuhl links). ⎫
Brigitte. Ah! (sinkt ohnmächtig in einen Stuhl rechts). ⎬ Zugleich!

Feldgruber. Was ist's denn? — Die fallen ja um, wie b'Fliegen im Herbst!

Brigitte (wieder aufspringend). — Nein! — Ich lebe — (zu Rosa) Dir zum Verderben! Her da — zu mir!

Rosa. Was wollen's denn?

Brigitte. Ich muß Ihnen nothwendig b'Augen auskratzen!

Rosa (flüchtet sich zu Feldgruber). Vater! bei der Person rappelt's wirklich!

Glattmann (Eudoxien labend). Kind! erhole Dich! — Er kann sich ja nur einen Scherz erlaubt haben — Du — Du bist ja seine Braut!

Rosa ⎫ Was hör' ich?
Nina ⎬

Feldgruber (zu Glattmann). Ihr' Tochter? ha ha ha! Unsinn! Nehmen's mir's nicht übel — aber wenn Einer schon 's Ausfuchen hat — so wird er ihm doch zwischen ihrer Tochter und mein' Madeln b' Wahl nicht schwer werden! (Faßt Rosa und Nina an den Händen). Schaun's es nur einmal an! Nicht leicht hat a Vater solche Töchter!

Kleister. Prahlen's nicht so! — Aud're Leut' haben auch was für die Nachwelt g'leist'! (Führt Brigitten vor.) Schau'ns die an! Und ich hab' noch vier Exemplar' auf'n Lager — wann die sauber einbunden wären. —

Glattmann (zu Kleister). Aber Ihre Tochter ist ja gar nicht im Spiele!

Brigitte. Ist sehr im Spiel'! Denn, daß Sie's nur wissen — um Ihre Tochter hat er ang'halten, aber mir hat er sei' Lieb' g'standen!

Glattmann ⎫ Was sagst Du?!
Eudoxia ⎬

Feldgruber (sich kaum vor Erstaunen fassend). Eine von Euch — und (auf Brigitten weisend) die? und sogar (auf Eudoxia weisend) die?! Der Mensch ist ja ein Don Schanerer — ein ruchloser Ruché (roué) das ist ja schon gegen alle Bigamie! streift an's Haremische!

Glattmann. Tolle Streiche — weiter nichts! Wir haben's schriftlich! — Ihre Töchter machten sich vielleicht in lächerlicher Eitelkeit Hoffnungen —

Feldgruber. Was? Lächerlich?

Eitelkeit? — Hoffnungen g'macht?
— Unsinn! Sie sein die G'foppten,
und nur bei mir tritt er reell auf,
davon können Sie sich mit eig'nen
Ohren überzeugen!

Kleister. Mit eig'nen Ohren? —
Sie spannen uns're Erwartungen
auf's Höchste!

Feldgruber (wirft einen Blick durch's
Fenster). Da kommt er just wieder
auf's Haus zu!

Eudoxia ⎱ Wo? — wo? (Wollen
Brigitte ⎰ zum Fenster.)

Feldgruber. Halt! halt! Er
därf Ihnen nit sehen! — Geh'n Sie
(zu Kleister und Brigitten auf die Thür
rechts weisend) da — und Sie (zu Glattmann und Eudoxia auf die Thür links weisend) da hinein! — Nur ich und meine
Madeln bleiben da! Verrathen'8
Ihnen nicht!

Eudoxia (Glattmann's Arm ergreifend und mit ihm nach links abgehend).
Ach, wenn mich nur das Pochen mei=
nes Herzens nicht verräth! (Ab mit
Glattmann.)

Brigitte. Oh — ich will nur
ganz Ohr sein — will auf jedes Wort
lauern, wie a Katz auf a Maus —
aber wenn ich was Entscheidendes
hör' — dann stürz' ich wie eine wahn=
sinnige Löwin heraus, und zerfrans'
ihn in der Luft! (Ab nach rechts.)

Kleister. Zerfransen? — '8
G'scheiteste wär'8 fast, so könnt' sich
a Jede a Bügel nehmen und '8 blei=
bet noch a hinter'8 Viertel für b'
Schmaus=Waberl! (Ab nach rechts.)

Feldgruber (gegen die Mittelthür
horchend). Er kommt! — jetzt bin ich
doch selber neugierig!

6. Scene.

Vorige — Der Fremde dann
Diener.

Fremder (tritt durch die Mittelthür
ein). Hier bin ich wieder!

Nina (absichtig sich bemerkbar machend).
Ist uns ein besonderes Vergnügen —

Fremder. Es ist bereits Alles in
Ordnung! Die Trauung kann heute
noch stattfinden — nur verlangt der
Pfarrer, daß (zu Feldgruber) Sie —
die Braut — und zwei Zeugen zu
ihm kommen —

Feldgruber (absichtlich lauter). Also
ist'8 Ihnen denn wirklich Ernst, daß
Sie eine von meinen Töchtern —?

Fremder. Wie können Sie noch
zweifeln?

Feldgruber (wie oben). Und haben
Sie gar keine ander'n Verpflichtungen?

Fremder. Keine! — Mein Herz
und meine Hand sind frei! Doch erlau=
ben Sie vor Allem — (Geht wieder zur
Mittelthür zurück und reißt beide Flügel
derselben auf.) Nur herein!

Vier Diener (in reicher Livrée treten, offene Cartons in Händen tragend, in
welchen die geschmackvollsten Seidenkleider,
Spitzenschleier, Schmuckgegenstände mit Edel-
steinen, Blumen u. dgl. liegen, durch die
Mitte ein).

Fremder (zu den Dienern auf den
Tisch im Vordergrunde weisend). Stellt
nur Alles hieher!

Die Diener (gehorchen).

Fremder (faßt Rosa's Hand). Nun,
mein liebes, herziges Rösschen —
(Führt sie zum Tische — gleichzeitig zu den
Dienern.) Ihr könnt' wieder gehen!

Rosa (entzieht rasch dem Fremden ihre
Hand, den Dienern zurufend). Bleiben'8.

Fremder (stutzend). Was soll
dies? was haben meine Diener noch
hier zu thun?

Rosa (stolz, im Tone der Beleidigten).
Sie sollen sehen, daß Feldgruber
Rosi keine Präsent' von fremden
Herren annimmt!

Fremder. Aber — von Ihrem
Bräutigam —?

Rosa. Um ein' Bräutigam z'ha=
ben, müßt' ich zuerst Braut sein,

4*

und davon müßt' ich doch etwas wissen!

Fremder. Aber Sie werden doch die Bewerbung verstanden haben?

Rosa. Wenn auch! beantwort' hab' ich sie noch nicht! (Etwas leiser, aber entschieden.) Lassen's also die Schachteln von Ihren Leuten fortbringen — den Korb — müssen's schon selber tragen!

Fremder (verletzt). Korb?!

Feldgruber (erstaunt). Sie trumpft ihn ab? — ihn — ein' halbeten Millionär? —

Nina (leise zu Feldgruber). Sie wartet wohl, bis ein Prinz kömmt —

Feldgruber. Das ist ein Unsinn! (Eilt zu Rosa.) Mädel, ich bitt' Dich —

Rosa (immer mehr gereizt zu Feldgruber). Vater! lassen's mich! Ich muß ihm doch zeigen, daß mit Geld noch nicht Alles geht! (Zum Fremden). Also die Sachen — (auf die Cartons weisend) fort! oder meiner Seel'! ich werf's zum Fenster hinaus! Jetzt geht mir das Töpfchen schon beinah' über!

Fremder (mit aufwallendem Zorn). Mädchen —?

Nina (tritt zum Fremden, begütigend.) Verzeihen Sie meiner Schwester, sie hat sich nicht jenen Grad der Bildung angeeignet, welchen die Lebensgefährtin eines Mannes Ihrer Art besitzen soll —

Fremder (ohne auf Nina zu achten, fortwährend auf Rosa sehend, für sich). Ihr Schmollen macht sie nur noch pikanter! — wir wollen doch sehen, ob wir ihr nicht auf an'dre Weise beikommen! (Sich vollkommen beherrschend, laut zu Rosa.) Ich bedauere, daß die von mir gewählten Gegenstände Ihrem Geschmacke nicht entsprechen — es muß ein Umtausch geschehen! (Zu den Dienern.) Packt dies nur wieder in meinen Wagen!

Die Diener (nehmen die Cartons, und gehen mit demselben durch die Mitte ab).

Rosa (wieder mehr in ihrem gewöhnlichen heiteren Tone.) Der Gegenstand der Beleidigung ist fort, und mit dem wollen wir die Sach' abgethan sein lassen! (Zum Fremden.) Hat Ihnen denn wirklich Ihr plötzlicher Reichthum so taumlich g'macht, daß 's glaubt haben, Sie brauchten nur zu winken, und 's müßt gleich jed's Mädel, was 's nur wollen, in Sie verliebt sein? — Nun — mit dem Unglücklichen muß man Mitleid — und mit den Glücklichen — Nachsicht haben! — Also beßwegen keine Feindschaft!

Fremder. Also Ihr letztes entscheidendes Wort — ?

Rosa (decidirt). Heißt: „Nein!"

Fremder (laut, scheinbar ruhig). Hm! ich gestehe, ein Mädchen in Ihren Verhältnissen, welches die Bewerbung eines reichen, und doch nicht häßlichen jungen Mannes so entschieden zurückweist, ist in uns'rer praktischen Zeit eine Seltenheit; — nun ist's aber eben der Vorzug des Reichen, daß er sich auch das Seltenste aneignen kann.

Feldgruber (zum Fremden). Na, Sie werden doch nicht glauben, daß ich Ihnen mei' Tochter verkauf? — Nein — nein! das gibt's nicht? — Nur kein' Unsinn!

Fremder. Von einem Kauf' ist keine Rede! Ich sage Ihnen nur, daß ich mir vorgenommen habe, dies Gut meinem künftigen Schwiegervater als Eigenthum zu überlassen —

Feldgruber (überrascht). Was? das ganze Gut? — Schloß — Haus — Feld — Wald — Vieh — mein? mein?

Fremder. Ja — sind denn Sie mein Schwiegervater?

Feldgruber. Aber ich könnt's

vielleicht doch werden! (Zu Rosa.)
Rosel! ich bitt' dich um Alles in der
Welt —

Rosa (macht eine heftig abwehrende
Bewegung).

7. Scene.

Vorige. — Leonardi.

Leonardi (erscheint in dem Augen-
blicke unter der Mittelthür — erblickt die
Anwesenden, tritt rasch wieder zurück, wird
aber während des Folgenden öfter lauschend
gesehen).

Fremder (tief beleidigt zu Rosa).
Einen solchen Abscheu flöß' ich Ihnen
ein? (Zu Feldgruber.) Nun, dann ist's
am Besten, wenn Sie, um Ihrer
Tochter den widerwärtigen Anblick
zu ersparen, heute noch Ihre Stellung aufgeben, und Ihr Haus verlassen! Ich werde einen Ersatzmann
zu finden wissen!

Feldgruber (erschreckt.) Mei' Stellung? — Mei' Haus? — Knall und
Fall?! 's ist ein Unsinn! das kann
nicht Ihr Ernst sein —

Fremder. Mein Ernst — für
beide Fälle! Sie sehen, daß auch ich
ein letztes entscheidendes Wort sprechen kann! (Wendet sich zum Abgehen.)

Nina (den Fremden sanft an der Hand
zurückhaltend). Ich bitte Sie — bleiben Sie!

Fremder. Was soll noch — ?

Nina. Ich beklage, daß meine
Schwester nicht weiß, was Kindes-
pflicht erfordert! Ich würde (verschämt
die Augen zu Boden schlagend) in einem
ähnlichen Falle —

Feldgruber (hoch aufhorchend).
Was? sie?! da wär' ja der Noth
g'holfen! —

Fremder (zu Nina). Sie sind ein
liebes — sanftes Kind, aber —

Nina (läßt ihn nicht ganz ausreden,
sondern schmiegt sich sogleich zärtlich an ihn).
Das den Mann, der seines Vaters
Glück begründet, ewig —

8. Scene.

Vorige. — Glattmann. —
Eudoxia. — Kleister. — Brigitte.

Brigitte (stürzt, ein großes Küchenmesser schwingend aus der Seitenthüre rechts,
und auf den Fremden zu). Stirb' —
Ungeheuer!

Eudoxia (eilt gleichzeitig aus der
Seitenthüre links, mit dem Ausdruck tiefsten
Schmerzes zum Fremden). Hellblick!

Kleister   ) (sind ihren Töchtern ge-
Glattmann   ) folgt).

Fremder (auf's Unangenehmste überrascht). Was soll das? — Sie — Sie
alle hier?

Brigitte. Ein fürchterliches Corps
der Rache! (Schwingt wieder das Messer.)

Kleister (entwindet Brigitten das
Messer). Gibst's Messer her? —
Z'leihen nehmen kannst' dir das
Exemplar (auf den Fremden weisend)
schon! aber nicht aufschneiden —
sonst mußt d' es zahlen!

Fremder (wüthend zu Feldgruber).
Haben Sie diese Comödie in Scene
gesetzt?

Feldgruber. Ich? — nein! —
das heißt — die Herrschaften — (ver-
wirrt) ich kenn' mich schon selber nit
aus — 's ist ein Unsinn! — aber —
Sie haben ja selber g'sagt — Sie
brauchen zu Ihrer Hochzeit Zeugen — da haben's es gleich paarweis! —

Leonardi (tritt vollends ein, und
geht bis dicht an den Fremden vor). Hochzeit? dazu lade ich mich auch ein!

Rosa (erfreut, fast aufschreiend). Leonardi! — Sie hier? —

Nina (beschämt, für sich). Er — zurück? hat er gehört —?

Feldgruber (für sich). Der ist uns g'rad noch abgangen!

(Zugleich.)

Frember (ist bei Leonardi's Erscheinen entsetzt zurückgewichen, und steht, keines Wortes mächtig, ihn starr anblickend, da).

Eudoxia **Glattmann** (erstaunt). Was soll dies?

Brigitte (erstaunt zu Kleister). Wer ist der Mensch? — Warum erschrickt denn der Hellblick gar so vor ihm?

Kleister. Er wird doch nicht auch dem (auf Leonardi weisend) 's Heirathen versprochen haben?

Frember (nachdem er sich etwas gesammelt, leise zu Leonardi). Du hier? — Welche Unvorsichtigkeit! — Ich beschwöre dich — um deines eigenen Heiles willen — fliehe — fliehe sogleich!

Leonardi (leise — eindringlich zum Fremden). Ich habe hiezu keine Ursache mehr! meine Aufgabe ist's im Gegentheile — Andern die Flucht unmöglich zu machen! —

Frember (immer ängstlicher). Andern? — wen meinst du?

Leonardi. Diese Frage kannst Du wohl Dir selbst am Besten beantworten! — Ich treffe Vorsichtsmaßregeln — doch ehe ich Entscheidendes veranlasse, will ich Dich noch einer Unterredung ohne Zeugen würdigen! — Du wirst mich also hier erwarten!

Frember (fast tonlos). — Gut! — ich werde —!

Leonardi (sich zur Gesellschaft wendend, laut). Ich bitte um Vergebung, wenn mein Erscheinen eine Störung verursacht hat, und (sich kalt zu Nina wendend) besonders Sie, die ich vielleicht vom wichtigsten Schritte abgehalten! (Wendet sich von ihr ab.)

Nina (beschämt, für sich). Er weiß —!

Feldgruber (zu Leonardi). Aber erklären's mir nur. —

Leonardi. Sie sollen über Alles Aufschluß erhalten! — Bringen Sie indeß Ihre lieben Töchter nach Ihrem Hause — ein Stückchen Weges begleit' ich Sie! (Zu Kleister und Glattmann.) Diese Herren bitte ich, dem hier (auf den Fremden weisend) indeß Gesellschaft zu leisten, bis ich zurückkomme! (Absichtlich mit auffallender Freundlichkeit zu Rosa.) Darf ich Ihnen meinen Arm bieten — mein liebes, herziges Röschen? (Gibt ihr seinen Arm und geht mit ihr durch die Mitte ab.)

Feldgruber (zu Nina). Gehn wir! — bin froh, wenn wir aus dem Durcheinander herauskommen! (Auf den Fremden weisend.) Der da — und (auf die übrigen weisend) die da — und Du selber — Alles für mich unauflösbare Rebuse! — 's ist ein Unsinn! (Geht mit Nina durch die Mitte ab.)

Brigitte (tritt zum Fremden). Jetzt reden Sie einmal! — Was stehen's denn da wie der vernagelte Stockfisch?

Eudoxia (wirft einen Blick durch's Fenster — erschreckt aufschreiend.) Um Gotteswillen!

Alle. Was ist —?

Eudoxia. Rings um das Haus werden Wachen gestellt!

Frember (erbebend). Wachen?

Eudoxia. Gott! — Mir ahnet Entsetzliches! — Meine Nerven! — ich ertrag' es nicht! fort! fort! (Wankt, sich an die Stühle haltend, gegen die Seitenthür links.)

Kleister (zu Glattmann). Sie! sehen's denn nicht? — Ihre Tochter geht ohnmächtig fort!

Glattmann (eilt auf Eudoxien zu, und fängt die beinahe dem Umsinken nahe in seinen Armen auf.) Eudoxia! Kind! fasse Dich doch! (Führt sie nach links ab.)

Kleister. Die gehn auch fort, und (zu Brigitten) wir sollen allein dem verdächtigen Menschen G'sellschaft leisten? — Mir wird völlig entrisch!

Brigitte (muthig). Mir nicht! — Ich bewach' ihn, wenn's wollen allein! oh — ich bin auch nicht ohne Waffen! (Ergreift wieder das Küchenmesser, welches Kleister auf den Tisch gelegt hatte — es gegen den Fremden zückend.) Nur eine Mien' machen, und er hat's mitten in sein' falschen Herz!

Kleister. — Was das Mädel für eine Courage hat! — Bei mir entwickelt sich die Bravour immer erst, wenn ich ein paar Halbe im Leib hab' und ich — ich hab' heut' noch kein' Tropfen trunken. —

Brigitte. So gehn's hinunter in's Dorfwirthshaus. —

Kleister. Ja, dort haben sich auch unsere Vereinsmitglieder in den Hinterhalt gelegt — ich möcht gern zu ihnen, aber — ich soll Dich da mit ihm allein lassen? — Er könnt' Dir am End' doch auskommen! Aber halt! ich weiß ein sicheres Mittel! (Tritt zum Fremden.) Sie! allem Anschein nach sein Sie a Hauptspitzbub — geben Sie mir also Ihr Ehrenwort, daß Sie keinen Fluchtversuch machen! (Hält ihm die Hand hin.)

Fremder (für sich, auf Brigitten blickend). Mit ihr allein? — dann ist noch Rettung möglich! (Laut zu Kleister.) Ja — ich gebe Ihnen mein Ehrenwort — auf was Sie wollen!

Kleister. Schön! Und jetzt geben's mir noch zwei Gulden, denn mein Portmonaie steht nicht auf gleichem Niveau mit meinem Durst!

Fremder (gibt ihm rasch Geld).

Hier — hier — lassen Sie sich nicht aufhalten!

Kleister. So! — jetzt bin ich ruhig — bezüglich feiner — denn ich hab' fein Ehrenwort — bezüglich ihrer, denn sie ist bewaffnet nicht nur mit den Grundsätzen des Tugendvereins, sondern mit ein' Kuchelmesser — ganz Lukretia! Geh'n wir also in's Wirthshäusel! (Ab durch die Mitte.)

Fremder (sieht sich vorsichtig um, dann vor Brigitten in die Knie sinkend). Brigitte! Täuscht mich meine Ahnung nicht, so übernahmst Du absichtlich meine Bewachung allein, um mir durchzuhelfen! — Ich beschwäre Dich bei meiner Liebe —!

Brigitte (verächtlich). Bei Ihrer Lieb' — die steht schon gar nicht mehr auf dem Courszettel! —

Fremder (aufstehend). Beurtheile mich nicht nach dem Scheine! — Sieh — mein ganzes Verbrechen ist: ich habe mich in eine falsche Spekulation eingelassen — meine ganze Erbschaft ging darauf — ich habe in der Stadt noch Schulden — da mußte ich ja, wenn gleich mit blutendem Herzen Dir entsagen, denn (schwärmend) man soll um keinen Engel werben, wenn man ihm nicht ein Paradies bieten kann!

Brigitte (noch zürnend). Ah was! In Paradies habens auch nichts g'habt — nicht einmal was zum anlegen, und waren doch glücklich! Glauben's denn, ich war nur wegen Geld so in Ihnen verbissen?

Fremder (immer dringender). Ja — ich sehe jetzt, Du bist kein gewöhnliches Mädchen — Du bist ein Unicum, dessen Werth ich noch gar nicht zu schätzen wußte! — Aber hilf mir nur jetzt durch, und dann wollen wir uns gemeinsam durchhelfen — Du sollst immer an meiner Seite bleiben.

Brigitte. Also — Sie wollten mit mir? — (entschloſſen) dann — (will ihm die Hand bieten.)

9. Scene.

Vorige. — Glattmann. — Eudoxia.

Glattmann und Eudoxia (kommen von links).

Fremder (leiſe zu Brigitten). Oh weh! die wieder hier!

Brigitte (leiſe zum Fremden). G'rad' recht! die müſſen uns helfen! laſſen's nur mich machen!

Glattmann. Mein armes Kind hat nicht Ruh' noch Raſt, und ich ſelbſt — —

Fremder (zu Glattmann). Was wünſchen Sie?

Glattmann. Aufklärung! — Licht!

Fremder. Sie? — das iſt überraſchend!

Glattmann. Sprechen Sie doch, weßhalb werden Sie eigentlich verfolgt?

Fremder (für ſich). Was ſag' ich denn dem? Ich hab's! — (laut) Konnten Sie (zu Glattmann), konnten Sie (zu Eudoxien) mich eines ordinären Verbrechens fähig halten?

Glattmann. Nein, wenn Leute beſſerer Stände ſchon etwas anſtellen, ſo muß es etwas Ordentliches ſein!

Fremder. Ich hatte — Ihnen vertrau' ich's — eine Ehrenſache!

Eudoxia (aufathmend). Eine Ehrenſache!

Fremder (ſtolz). Ich habe keine andern Sachen! — Genug — mein Gegner blieb —

Brigitte (für ſich). Am Leben!

Fremder (zwiſchen Eudoxia und Glattmann tretend, und beider Hände faſſend). Begreifen Sie nun, warum ich geſtern ſo eilig die Stadt verließ?

Glattmann. Aha — Sie hatten Wind bekommen?

Fremder. Daß man mich verhaften wolle — ich flüchtete zuerſt hieher, wo ich mich längere Zeit verborgen halten wollte — um mich aber der Verſchwiegenheit Feldgrubers zu verſichern, machte ich ihm glauben, daß ich ſein Eidam werden wolle! — Ach — ich wußte nicht, daß ſeine Tochter ein heimliches Liebesverhältniß mit einem Gerichtsbeamten hatte — ſie verrieth mich —

Brigitte (für ſich). Er lügt, wie eine Lokalkorreſpondenz! — Aber hilf, was helfen kann! (Laut) Ja, und wenn wir ihm nicht forthelfen, kann Ihr Champion auf einer Feſtung ſitzen, ſo lang, bis Schwammerln auf ihm wachſen!

Eudoxia. Mein Himmel! was können wir —?

Brigitte. G'rad' Sie könnten helfen! Ich hab' was ausgedacht, das ging' aber nur, wenn Sie ſich entſchließen könnten mit ihm zu entflieh'n!

Eudoxia (freudig). Ich — mit ihm?! — (verſchämt) wo denkſt du hin?

Brigitte. Hören's nur! Ich führ' Ihnen jetzt gleich in eins von den Gaſtzimmern — derweil verſchaff' ich ihm (auf den Fremden weiſend) ein' Anzug und a Perrücken, daß er in der Dunkelheit ganz dem Herrn von Glattmann gleichſeh'n ſoll — kein' Menſchen wird's auffallen, daß der mit ſeiner Tochter in den Wagen ſteigt —

Eudoxia (wieder freudig). Ich — mit ihm in einem Wagen — wir fahren raſch der Grenze zu — die Idee iſt vortrefflich!

Fremder (für ſich). Das ſind' ich eben nicht! Ich weiß nicht, was ich ſpäter mit ihr anfangen ſoll —

Glattmann (iſt indeß nachdenkend geweſen). In der That — es wäre das

Beste — ich gäbe Euch einen Brief an den Pfarrer im nächsten Orte mit, der Euch allsogleich trauen soll —

Fremder (für sich). Das auch noch! (Laut) Oh — zu viel Güte! —

Brigitte. Nur jetzt nicht lang' überlegen, 's Feuer brennt auf den Nägeln! (Zu Eudoxia.) Kommen's, gnädiges Fräul'n! ich führ' Ihnen auf das Zimmer.

Eudoxia (zum Fremden). Lassen Sie mich nicht zu lange warten!

Brigitte (zu Eudoxien). Oh! sehn's denn nicht, daß er eh' schon vor Sehnsucht zergeht! Mit Ihnen in einer mondhellen Nacht — in einem Wagen — ach, wer an Ihrer Stell' wär'! (Ab mit Eudoxia durch die Mittelthür.)

Fremder (für sich). Wenn ich nur wüßte, was Sie eigentlich vorhat!

Glattmann. Nun, junger Freund! nur nicht verzagt! — Sind Sie nur erst in Sicherheit, dann läßt sich Ihre Angelegenheit beilegen! Ich werde mein Möglichstes thun! Aber wie ist's? sind Sie denn mit Geld für eine weitere Reise versehen?

Fremder. Das eben ist's, was mir Sorge macht! Ich habe meine Cassette im Reisewagen verpackt —

Glattmann (für sich). Gut, daß ich das weiß! (Laut.) Ja, dem dürfen Sie sich nicht mehr nähern — aber thut nichts! Zum Glücke habe ich eine Summe bei mir — (Zieht eine Brieftasche hervor.)

Fremder. Wie? — ich sollte Geld — von Ihnen? —

Glattmann. Von Ihrem Schwiegervater! — Keine Umstände! — Ueberdieß lassen Sie mir ja Ihren Reisewagen zurück —

Fremder. Nun, wenn Sie auf dies Pfand —?

Glattmann. Mit Vergnügen! (Zieht Banknoten heraus und gibt sie ihm.)

hier — es sind achthundert Gulden — zählen Sie nach!

Fremder. Oh — ich nehme sie ungezählt. (Steckt das Geld rasch ein.)

Glattmann. Sobald Sie in Sicherheit sind, schreiben Sie mir! —

10. Scene.

Vorige — Brigitte.

Brigitte (ein Bündel unter dem Arme tragend, kommt wieder durch die Mittelthür zurück). So! — da bin ich wieder! — Ich hab' schon Alles zusammg'richt' — (Gibt dem Fremden das Bündel und drängt ihn in die Seitenthür links, leise zu ihm.) Brauchen sich nicht viel anzuziehen — nur ein' Mantel überwerfen, dann über d'Hauptstiegen hinunter — Sie werden keine Wach' mehr treffen — am großen Schloßthor wart' ich auf Ihnen!

Fremder (ab nach links).

Glattmann. Wenn nur das schon glücklich vorüber wäre, dann — (sie um die Mitte fassend, zärtlich) dann fahren auch wir nach der Stadt zurück!

Brigitte (sich losmachend). Da — da muß ich doch mein' Vater abholen — er ist noch unten im Wirthshaus'.

Glattmann. Ei, so stör' ihn doch nicht in seinem Vergnügen! — Er kann ja über Nacht hier bleiben. und Du — kleiner Schelm! — Du hast ja gerade vorhin von der Seligkeit einer Fahrt in heller Mondnacht geschwärmt.

Brigitte (für sich). Auf dem Punkt hab' ich ihn haben wollen! (Laut, verschämt die Augen niederschlagend.) Sie meinen — ich soll — allein mit Ihnen — (Schlägt ihn lächelnd auf die Wange.) Sie Schlimmer!

Glattmann (immer dringender). O, weigere Dich nicht! — Brigittchen! Ich habe ja die Bedingung erfüllt, die Du gestellt — in Allem Deinen Willen gethan — werb's auch künftig so halten — und dagegen versprachst Du — weißt Du noch?

Brigitte. Nu ja! — wenn auch ich — (sich wieder verschämt abwendend) schaun's mich nur nicht gar so an! — ich mein' nur — wenn ich — mich entschließet — aber man muß doch als sittsames Mädchen vor Allem bedenken, was die Leut' dazu saget'n — wenn man mich — allein mit Ihnen —

Glattmann. Du hast Recht! Auch ich muß meinen Ruf wahren! Aber bennoch — Kindchen! es muß sich ja ein Mittel finden — denn aufgeben kann ich den Gedanken nun nicht mehr! — ich kann nicht! (Will sie glühend umfassen.)

Brigitte (ausweichend). So lassen's mich nur nachdenken! (Sinnend.) Hm! ich müßt' höchstens —

Glattmann. Was — was?

Brigitte. Die Fräul'n Tochter hat ja ein Kofferl mit mehreren Kleibern mitg'nommen —

Glattmann. Ich errathe! Du — Du willst selbst als meine Tochter erscheinen, wenn Du mit mir in den Wagen steigst! — Vortrefflich! — ja! sage meiner Tochter, sie soll' eines ihrer Kleider zurücklassen — ich werde es schon aufheben!

Brigitte. Und ein' Hut mit Schleier auch — die sonstige G'stalt läßt sich auch nachmachen! — Also warten's — eine Viertelstund' müssens mir Zeit lassen zum Umziehen —

Glattmann. Ach, sie wird mir zur Ewigkeit werden!

Brigitte. Geh'ns indeß durch das Zimmer (auf die Seitenthür rechts weisend) über die Schneckenstiegen nach dem unter'n Corridor — dort warten's bis zum Schlag 8 Uhr, dann geh'ns bis zur dritten Thür.

Glattmann. Du wirst mich erwarten! — im Kämmerlein — !

Brigitte. Schon an der Thür! — Mit dem Schlag acht Uhr — nicht früher — klopfen Sie an — ich tret' heraus, und dann —

Glattmann. Stumme Seligkeit! Lautloses Aneinanderschmiegen! — O Brigitte! gib mir eine Labung auf den Weg mit — eine süße Alimentation! (Will sie küssen.)

Brigitte. Vertandeln wir jetzt die Zeit nicht — (kokett zürnend) Ungeduld über einander! (auf die Thüre rechts weisend) Da hinein jetzt — brav sein! sonst — (mit aufgehobenem Finger drohend) b'sinn' ich mich noch anders!

Glattmann. Nein! nein! ich gehe schon! (Trippelt gegen die Seitenthüre rechts, an derselben noch stehend bleibend, und ihr Kußhände zuwerfend.) Zuckerplätzchen! Hachée-Pastetchen! Vanille-Törtchen! (Ab nach rechts.)

Brigitte (allein, dem Abgehenden höhnend nachrufend.) Lebzeltreiter — altbackener! — du wirst schauen, welche Arme dich umfangen, sobald du an der Thür klopfst, hinter der du mich erwart'st, und — dein' eig'ne Tochter find'st! Ja — die hab ich dort untergebracht, und dann dem Anführer von den Wachen verrathen, daß der, dem sie aufpassen, Schlag acht Uhr — als alter Herr verkleid't, sich gegen die dritte Thür schleichen wird! Die Wachen verstärken sich jetzt noch mit den Vereinsmitgliedern, postiren sich alle im Corridor, der Hauptausgang (gegen die Mittelthüre weisend) bleibt frei — und er kann da ungehindert abfahren! — Ist das a Bißl a Plan? — was? — Ja — nur die Lieb' macht so erfinderisch, und nur die Jugend so unternehmend! — Ach! — die Jugend! Merkwürdig! 's ganze Leben kann man sich assekuriren, warum nicht auch eine ewige

Jugend? — Die Jugend ist ja noch
's Schönste von der ganzen Leberei
— ist sie weg — dann — dann ist
Alles so ganz anders!

12. Scene.

Der Fremde — dann Leonardi.

Fremder (steckt zuerst nur den Kopf
aus der Seitenthüre links). Ich höre nicht
mehr sprechen — (Tritt in einen Mantel
gehüllt, vollends heraus.) Niemand hier!
— Wenn's nur wahr ist, daß sich von
diesem Wege (gegen die Mittelthüre
weisend) die Wachen entfernt haben!
— Bin ich nur erst außerhalb des
Schlosses — dann bin ich geborgen!
— Nur jetzt noch die größte Vorsicht!
(Schleicht gegen die Mittelthüre, öffnet sie
sachte — will hinaussehen — prallt aber
entsetzt zurück.) Zu spät!

Leonardi (erscheint unter der Mittelthüre). Du willst fort?

Fremder (Anfangs noch etwas ver-
wirrt). Ja — ich — ich wollte — du
bliebst gar so lange aus — und da
— da wollt' ich dich eben aufsuchen!

Leonardi (lächelnd). Ich kann
mir's denken! Du schienst ja gleich
bei meinem ersten Erscheinen so freudig überrascht!

Fremder. Gewiß! — denn die
gegen Dich angestrengte Verfolgung—

Leonardi. Ist durch einen mächtigen Vermittler eingestellt! — Gestern fand ich auf dem Postamte einen
Brief von ihm, welcher mir seine
Ankunft in der nahen Stadt meldete.
Dankerfüllt eilte ich zu ihm — wie
erstaunte ich aber bei seinen Worten:
„Nun, lieber Hellblick! — da Sie
jetzt unter Ihrem wahren Namen
auftreten können, werden Sie sich
doch auch um Ihre Erbschaft küm-
mern? — Ich wußte davon noch gar
nichts!

Fremder. Ja — die Aufforderung
stand gerade an dem Tage in der Zei-

tung, an welchem Du das Duell be-
standest. (Leicht hinwerfend.) Ich hab' sie
selbst erst gelesen, als Du bereits
auf der Flucht warst.

Leonardi. Oder drängtest mich
zur Flucht, damit Du Nutzen daraus
ziehen könntest!

Fremder (den Beleidigten spielend).
Ah! was Dir wieder einfällt! —
Geh' doch!

Leonardi. Mein Gönner fuhr
mit mir sogleich zum Gerichte, dort
vernahmen wir (den Fremden scharf in's
Auge fassend), daß ein Gauner sich für
mich ausgegeben, daß ihm die Erbschaft zugesprochen worden, daß er
sogleich seine sämmtlichen Rechte an
ein Bankhaus gegen eine bedeutende
Summe übertragen, und sodann die
Stadt verlassen habe!

Fremder. Aber wie konntest Du
nur sogleich errathen, daß eben ich
der — (stockt).

Leonardi. Gauner war — willst
Du sagen!

Fremder. Nein — das wollt' ich
eben nicht sagen — ich bediene mich
nicht so ordinärer Ausdrücke! — Aber
wie fiel Dein Verdacht auf mich?

Leonardi. Hatt' ich nicht eben
Dir alle meine Papiere anvertraut?
— Ein gewisser Sturmfeld verrieth
uns die Richtung, welche Du genom-
men —

Fremder. Der Sturmfeld — der
soi disant Kapitän?! — Er hat mich
verrathen? (Die Hände in einander schlin-
gend.) Da sieh mal, ob man sich auf
irgend einen Freund verlassen kann —

Leonardi. Wir eilten hieher, und
— Gott sei Dank! — nicht vergeb-
lich! Jetzt bedarf's eines Winkes. (Will
gegen das Fenster.)

Fremder (ihm rasch den Weg vertre-
tend). Halt! — Otto! — willst Du
Deinen Freund — Deinen Wohlthäter in's Unglück bringen?

Leonardi. Wohlthäter?!

Fremder. Ja — (mit Selbstgefühl) dies bin ich, und ich kann Dir's beweisen.

Leonardi. Ich bin in der That begierig —

Fremder (für sich). Jetzt, Dialektik bewähre deine Macht! (Laut, ganz cordial.) Aber wir stehen da — willst Du denn nicht Platz nehmen? (Schiebt ein Fauteuil zurecht.)

Leonardi (sich setzend). Nun — sprich!

Fremder. Sogleich! (Setzt sich ebenfalls, zieht ein Cigarren-Etui heraus, und hält es Leonardi hin.) Darf ich Dir aufwarten?

Leonardi. Ich danke!

Fremder. Nein, nein! bediene Dich! 's ist ein gutes Blatt — kostet das Stück zwanzig Kreuzer — ich habe mir gestern einige Tausend gekauft —

Leonardi (lehnt mit einer Handbewegung ab).

Fremder. So erlaube doch, daß ich — (Zieht ein Feuerzeug heraus und brennt die Cigarre an.)

Leonardi. Zur Sache endlich!

Fremder. Nun höre — als ich die erwähnte Aufforderung in der Zeitung gelesen, trieb mich wirklich bloß Neugierde hieher — ich wollte nur sehen, um was es sich denn eigentlich handle, und Dir dann berichten — aber — der Mensch denkt, und — das Geld lenkt! — Ich erfuhr von einer halben Million! — Bruderherz! — ich weiß nicht, ob Du so sensitiv bist, wie ich, aber ich fühlte es: eine halbe Million ist ein psychologisches Reagens! — Was hat eine solche Summe nicht schon oft für Charakter-Zersetzungen und Umwandlungen hervorgebracht? — Aus Volksmännern hat sie Reaktionäre — aus treuen Staatsdienern Landes-

verräther — aus den liberalsten Schriftstellern servile Journalknechte des Despotismus gemacht! — was Wunder also, daß auch ich ihrer Einwirkung nicht widerstehen konnte!

Leonardi. Du gabst Dich also für mich aus —

Fremder. Um für Dich — einzunehmen! Denn, daß ich statt Deiner auftrat, statt Deiner handelte, das eben ist nun Dein Glück!

Leonardi. Ich begreife nicht —

Fremder. Höre nur! — Der Schatz lag da — aber von Drachen bewacht! — Scheinheilige Erbschleicher und gelbgierige Verwandte waren zu bekämpfen, und in meinem eignen Heere stand der Verrath im Solde meiner Gegner! Wenn Du Dich gemeldet hättest — ich kenne Dich! — Du, der idialistische Künstler mit seiner rosenfarbnen Weltanschauung — mit seiner Vertrauensseligkeit — Du hättest nicht einen Kreuzer bekommen!

Leonardi. Das wäre erst zu beweisen!

Fremder. So? Hättest Du es vermocht, einem pfiffigen Dienstmädchen den Kopf zu verdrehen — Dich in eine ländliche Unschuld zu verlieben — Dich um die Hand einer häßlichen Jungfer zu bewerben — und all' dies zu gleicher Zeit? Die Hand auf's Herz! hättest Du dies vermocht?

Leonardi (entrüstet aufstehend). Nein! nur ein Schurke ist dies im Stande!

Fremder. Ich bitte Dich — bleib sitzen!

Leonardi (setzt sich wieder, bleibt aber vom Fremden abgewandt).

Fremder. Ja, ich handelte wie ein Schurke, weil ich — mit Schurken zu kämpfen hatte. — Similia similibus — Gift gegen Gift, das ist die homöopathische Methode,

nach welcher bei dem corrupten Zu=
stande unserer Gesellschaft allein
günstige Resultate zu erzielen sind!
Leonardi. Du predigst eine fürch=
terliche Moral!

Fremder. Die sich aber in ihrer
Anwendung bewährt hat! — Nenne
mein Treiben immerhin kein reelles
— ich weise stolz auf die Erfolge! —
Die Vereine der Frömmler, welche
gleich einer Maulwurfsbrut den
Boden unterwühlt hatten, durch
mich sind sie zerfallen — betrüge=
rische Rechtsfreunde — durch mich
sind sie entlarvt! — Der einzige Red=
liche unter der ganzen Verwandt=
schaft, der alte Feldgruber, dieser
ungeschliffene Diamant, durch mich
ist er aus dem großen Kehrichthaufen
herausgefunden — Deine Erbschaft,
durch mich ist sie gerettet, ja selbst
von den zwei Mädchen, zwischen
denen Deine Wahl schwankte, hast
Du die Dich wahrhaft liebende nur
durch mich erkannt! (Sich stolz erhe=
bend.) das Alles hast Du dem —
Schurken zu danken! Nun geh', und
überliefere ihn dem Gerichte!

Leonardi (steht ebenfalls auf, bleibt
aber vom Fremden abgewendet, für sich).
Ich kann ihn nicht widerlegen! (Nach
einer kurzen Pause, ohne ihn anzusehen).
Wo hast Du die herausgelockte
Summe?

Fremder. In einer Chatoulle un=
ter dem versperrten Rücksitze meines
Reisewagens findest Du Alles in
Werthpapieren und Creditbriefen. —
Hier (Schlüssel hervorziehend, und ihm rei=
chend) hast Du die Schlüssel! (Leichthin.)
Ein paar Tausend Gulden hab ich
wohl schon verausgabt, aber das ist
wohl nicht der Rede werth! — du
hast dafür die Brautausstattung!
(Es ist während dieser Scene nach und nach
dunkel geworden — jetzt hört man von eini=
ger Entfernung her die Schloßuhr acht schla=

gen, gleich darauf Glattmann's schreiende
Stimme und Tumult von Seite rechts).

Leonardi) (überrascht gegen rechts
Fremder) sehend). Was ist das?

13. Scene.

Vorige. — Feldgruber.

Feldgruber (in einem festlichen An=
zuge, tritt durch die Mitte ein).

Feldgruber (zu Leonardi). Was
geht denn vor? Der Brautzug ist,
wie Sie's b'stellt haben, grad durch's
Hauptthor — da hören wir im Sei=
tengang ein Mordspektakel — (Gegen
rechts sehend.) Es kommt da herauf —
was seh' ich? — G'richtsdiener? —
(Die Thüre rechts öffnet sich.)

Fremder (erschreckt.) Gerichts —
(leise zu Leonardi). Ich beschwöre dich,
laß' mich fort!

Leonardi (hält den Fremden an der
Hand zurück). Nein! bleibe!

Fremder (tritt etwas zurück).

14. Scene.

Vorige — dann Glattmann.
Zeibler. — Kleister. — Schli=
cher. — Vereinsmitglieder. —
Eudoxia. — Gerichtsdiener. —
Zuletzt Brigitte. — Diener.

Kleister (tritt etwas benebelt von
rechts ein). Wir haben ihn — den Ver=
dächtigen!

Leonardi (erstaunt zu Kleister). Sie
haben — ?

Feldgruber. Das ist ja ein Un=
sinn! der Verdächtige —

Kleister. Ha ha! er hat verkleid't
fort wollen — aber mei' Tochter ist
dahinter kommen — hat's uns g'steckt,
und richtig — (gegen rechts weisend) da
bringen's ihn schon!

Glattmann (mit zerrauften Haaren
einen Knebel im Munde wird, sich fortwäh=
rend sträubend, von mehreren Vereinsmit=
gliedern hereingezogen).

Eudoxia (halb ohnmächtig, wird von andern beinahe hereingetragen, ein dichter Schleier verhüllt noch ihr Gesicht).

Leonardi. Aber wen haben Sie denn da —? (Ruft.) Bringt doch Licht!

Ein Diener (kommt durch die Mitte mit einem Armleuchter).

Fremder ⎫ (Glattmann erkennend,
Feldgruber ⎭ überrascht). Der Herr vor Glattmann!

Kleister. Dafür gibt er sich nur aus — Alles Maskerad' — (zu Zindler). Nehmen's ihm nur die Perrücken herunter, und den Sutzel aus'n Maul' —

Zindler (zieht an Glattmanns wirklichen Haaren, und nimmt ihm zugleich den Knebel aus dem Munde).

Glattmann (mit beiden Händen um sich schlagend). Au! er reißt mir meine Haare aus! — Luft! Luft!

Zindler (Glattmann erstaunt ansehend). Das ist ja wirklich der Herr Glattmann! —

Die Vereins-Mitglieder. Ja — der Herr Glattmann!

Kleister (sich nach ihm umsehend, erstaunt). Der Herr Glattmann! — Wirklich?

Glattmann (wüthend). Ja, Sie sind wirklich ein Esel! — Da — da steht ja der (auf den Fremden weisend), den Sie aufhalten sollten!

Kleister (den Fremden erblickend). Meiner Seel! ja — ja — der ist's — so packt's den!

Fremder (erschreckt). Um Gottes willen —!

Leonardi. Halt! halt! Es obwaltete ein Irrthum, der sich aufgeklärt hat — dieser Herr — (auf den Fremden weisend) hat in meinem Interesse gehandelt — ich führe keine Klage gegen ihn!

Fremder (leise zu Leonardi, seine Hand erfassend). Hellblick! Deine Großmuth —

Leonardi (winkt ihm zu schweigen).

Kleister (zu Glattmann). Nachher verzeihen Sie —

Glattmann. Hol' Sie der Teufel!

Kleister. Aber warum sein Sie so heimlich zu der Thür' g'schlichen — man hat uns g'sagt, daß dort eine Weibsperson —

Zindler. Und wir haben auch wirklich dies verschleierte Frauenzimmer (auf Eudoxia weisend) dort gefunden —

Kleister (zu Glattmann). Auf so was ertappt man Ihnen! — Schamen's Ihnen! — wer — wer ist —?

Glattmann. Das — das ist — meine Tochter!

Fremder. Unmöglich! Diese hatte sich ja mit mir zusammenbestellt —

Kleister. Das können wir ja gleich sehen! (Zu Eudoxien). Weg mit dem Vorhang!

Glattmann (in höchster Angst). Nein — nein! — (Bittend.) Meine Herren! Diskretion! (Deckt rasch noch sein Sacktuch über Eudoxiens Antlitz.) Ich gesteh' es — ein galantes Abenteuer —

Die Vereins-Mitglieder. Schau — der Herr Glattmann!

Kleister. Der Gründer vom Tugend-Verein!

Brigitte (ist indeß durch die Mitte eingetreten, hat sich hinter die Uebrigen bis zum Fremden geschlichen, diesen am Rocke zupfend, leise). Er glaubt, ich bin's!

Fremder (leise zu Brigitten). Ha! das läßt sich benützen! (Tritt zu Glattmann, laut.) Herr, 's ist doch Ihre Tochter — meine Braut! Sie dürfen sie mir nicht vorenthalten.

Eudoxia (macht eine leidenschaftliche Bewegung gegen den Fremden).

Glattmann (sie zurückhaltend, leise). Ich bitte Dich, Brigittchen! verrathe Dich nicht — Dein Vater hält Dich sonst zurück — (Zum Fremden.) Herr! diese Tochter geb' ich Ihnen nicht —

Eudoxia. Ab — — (will sprechen).
Glattmann (hält ihr rasch den Mund zu).

Fremder. Sie haben ja keine and're Tochter! — Und ich will — (Macht eine Bewegung gegen Eudoxia.)

Glattmann. Herr, sein Sie barmherzig! Stehen Sie nur jetzt ab — hier — hier (steckt ihm seine ganze Brieftasche zu) zu den achthundert Gulden noch dies!

Fremder (öffnet die Brieftasche, sieht hinein, befriedigend). Ah! um diese Summe geb' ich all' meine Ansprüche auf!

Eudoxia (außer sich, reißt Glattmanns Hand von ihrem Munde weg, wirft den Schleier zurück, entrüstet zum Fremden). Schändlicher!

Glattmann (steht starr vor Staunen). Doch meine Tochter! — Und — Brigitte —?

Brigitte (hervortretend mit einem Knixe). Ist hier, unterthänigst aufzuwarten! — Ich hab' bei der Gelegenheit auf's Neue den Beweis liefern wollen, was für schlechte Zwecke gewisse Vereinsgründer mit scheinbar frommen Mitteln erreichen wollen!

Fremder. Während ich mit schlechten Mitteln den guten Zweck, meinem Freunde sein Eigenthum zu retten, erreicht habe!

Eudoxia (schreit auf und sinkt in einen Stuhl). Ah — meine Sinne schwinden!

Glattmann (sinkt neben ihr in einen Stuhl). Ich — ich kann Dir nicht helfen — ich bin selbst ohnmächtig!

Brigitte (zu Glattmann). Gott geb's, daß solche Leut', wie Sie, für immer ohnmächtig bleiben! — Aus — für ewige Zeit mit all' den scheinheiligen Vereinen! —

Die Vereins-Mitglieder. Aus! Aus! für immer!

Fremder (zu Brigitten). Aber wir wollen einen aufrichtigen Verein gründen, einen Verein, der vor der Hand nur aus zwei Mitgliedern besteht!

Leonardi. Wie? Du willst —

Fremder (leise zu Leonardi). Dir beweisen, daß Deine Großmuth mich mehr als jede Strafe gebessert hat. (Laut, Brigitten seine Hand reichend.) Ich will ehrlich an dieser handeln!

Leonardi. Nun denn — so feiere Deine Vermählung zugleich mit meiner — denn hier — naht meine Braut!

15. Scene.

(Die Mittelthür öffnet sich. — Rosa tritt umgeben von Brautjungfern ein. — Leonardi eilt auf sie zu. — Schlußgruppe.)

Der Vorhang fällt.

Ende.